# NOVOS CÉUS E NOVA TERRA

## O sentido da nossa vida temporal

EDITOR João Baptista Pinto

CAPA Rian Narcizo

EDITORAÇÃO Luiz Guimarães

REVISÃO Da autora

CIP-BRASIL. CATALOGAÇÃO NA FONTE
SINDICATO NACIONAL DOS EDITORES DE LIVROS, RJ.

B661n

Boff, Lina, 1936-
Novos Céus e Nova Terra / Lina Boff. - 1. ed. - Rio de Janeiro : Letra Capital, 2020.
192 p. ; 14x21cm.

Inclui bibliografia
ISBN 978-65-990166-7-7

1. Escatologia - Doutrina bíblica. I. Título.

20-64166 CDD: 236
CDU: 27-175

Meri Gleice Rodrigues de Souza - Bibliotecária CRB-7/6439

LETRA CAPITAL EDITORA
Telefones (21) 22153781 / 35532236
vendas@letracapital.com.br
www. letracapital.com.br

Lina Boff

# NOVOS CÉUS E NOVA TERRA

## O sentido da nossa vida temporal

EDITORA
SANTUÁRIO

LETRA CAPITAL

# Sumário

# Prefácio

No início de abril de 2020, recebi uma ligação de minha amiga e mestra Lina Boff, que me convidou para fazer um prefácio de um livro que estava lançando. Tratava-se de uma segunda edição de uma obra de escatologia, de sua autoria, agora revista e ampliada, que buscava estar atenta a novas questões que eram suscitadas pela teologia, mas que visava também aquelas pessoas que estavam na frente dos trabalhos pastorais e missionários pelo mundo afora, sobretudo, nas grandes periferias das nossas cidades, onde a crise e a força da esperança convivem juntas. Quem conhece a história de vida da Lina, os anos que viveu na Amazônia e depois os trabalhos realizados nas comunidades do Rio de Janeiro, sabe que essa sempre foi uma preocupação nítida de seu ministério teológico, pelo qual sempre se preocupou em sentir com o povo, encarnar-se com ele, responder a ele, querendo oferecer algo concreto que possa trazer sentido e ainda indicar pontos de seguimento.

Receber esta ligação e este convite foram motivos de alegria para mim, pois tenho pela Lina uma profunda admiração e respeito. Tive a graça de ter sido orientado por ela na minha pós graduação e muito do que observo na escatologia partiu de suas provocações. Também foi uma alegria poder rever seus escritos e ver o modo como relaciona as grandes questões levantadas pelo Vaticano II com as aspirações sociais, na busca por um entendimento bíblico, no intuito de trazer sintonia para uma caminhada de um povo, que tem uma história e que no percurso dela vai se alimentando de uma esperança que sempre nos impulsiona e nos chama para um fim bom, para novos céus e para uma nova terra, que é o título que ela deu ao livro e que se apoia na mais profunda e rica tradição bíblica e cristã. Lina Boff é uma pessoa especial e tenho por ela profunda admiração e respeito. Acredito que a segunda edição deste livro reúne aspectos caros de sua proposta teológica e constitui um legado autêntico de seu pensamento, capaz de oferecer respostas, provocar novas perguntas e encantar para uma esperança que sempre se faz necessária.

No entanto, a motivação pela qual ela nos oferece este livro vem fortalecida pela situação que hoje nos desafia enquanto humanidade e sociedade, também enquanto Igreja e comunidade de esperança. No início de 2020, a humanidade se viu às voltas com um novo vírus, a COVID-19, que, rapidamente, mostrou a sua força e se espalhou pelo mundo, levando apreensão, insegurança, doença, sofrimento e milhares de mortes. Este novo coronavírus que surgiu no interior da China, rapidamente se espalhou pela Europa, depois América, restante da Ásia, África e Oceania. Milhares de pessoas foram contaminadas, milhares de pessoas perderam as suas vidas, toda uma estrutura econômica e social foi desafiada e nossas respostas se mostraram frágeis para o dilema que se aproximava, que avançava e inquietava nosso ser e todas as perspectivas de entendimento e de futuro. Em questão de dias vimos corpos empilhados na Itália, Espanha, depois nos Estados Unidos e o mesmo ocorreu no Brasil, tristemente, nas periferias, o que acusou da maneira mais forte a nossa hipocrisia, os nossos limites e a nossa deficiência social. O que poderíamos esperar e para onde deveríamos caminhar? O que dizer diante da morte, quando ela vem tão rápida e nos pega desprevenidos, sozinhos, distante das pessoas que amamos e sem qualquer tempo para pensar e meditar sobre ela? Vemos aqui que a simples teorização da morte, que muitas vezes é produzida pela escatologia, torna-se insuficiente diante de tantos rostos que choram e sofrem suas perdas e que nos acusam que nossas respostas prontas tão pouco alimentam e confortam nestes momentos. Faz-se necessário um novo movimento, uma nova percepção, um novo posicionar e entender sobre o morrer e de que forma podemos ser solidários para com estes e estas que estão a nossa volta. Surgem novas perguntas.

Por falta de tratamento e de vacinas houve a recomendação para se fazer um isolamento social e em questão de dias as pessoas se viram trancadas em suas casas, reunidas em família ou isoladas de tudo, apreensivas, inseguras e sem uma esperança concreta para poder se afirmar. As escolas e universidades foram fechadas, as igrejas não poderiam mais se reunir e novas alternativas de interação precisaram ser criadas e uma nova forma de ser Igreja também se fez necessária, uma vez que o templo "de pedra" se fazia fechado e as pessoas se viam novamente ao redor de uma mesa, trancadas em suas casas, ou mesmo sozinhas e isoladas, como que os discípulos da sexta-feira santa, escondidos, com medo e na insegurança diante do perigo que estava fora. A Igreja em saída necessitava se fazer criativa, a fim de atender e perceber os sinais dos tempos, onde a atitude e a responsabilidades se faziam cada vez mais necessárias. Ao mesmo tempo em que avançava a pandemia, a irresponsabilidade de alguns governantes também aparecia, o que tornava a situação do povo, sobretudo dos mais pobres, um grito ainda mais forte e urgente. Quem poderia esperar por eles? Quem poderia estar e ser com eles? Onde poderiam dormir, viver e até mesmo morrer dignamente? Enquanto alguns conseguiam se isolar no conforto de suas casas, outros eram jogados às novas estrebarias, ao relento, sem identidade e sem nome. Enquanto alguns tinham comida em fartura, outros padeciam sem trabalho, sem o pão de cada dia, sem assistência e na indiferença de uma sociedade que se acostumou a viver em muros, em classes, separada e anestesiada da dor, cega para o outro de quem não se faz próxima.

Este mal que nos chegou com força em 2020 e em questão de poucos meses nos assombrou, mostrou toda a nossa pequenez e limites humanos, mostrou também nossa incapacidade de viver harmonicamente como sociedade, desrespeitando o chamado da criação e a proposta de uma casa comum, a qual o Papa Francisco nos lembrou tão bem. Uma crise de humanidade que acusa uma crise de nossa esperança. É bem provável que quem leia este texto em um período próximo do lançamento deste livro tenha todos estes eventos com detalhes em sua memória e em seu cotidiano. Já aqueles que lerão depois, têm aqui acentos de um breve relato, que não devemos esquecer e sim fazer memória, para que nossa visão cristã e nossas teologias tenham os pés na realidade e consigam contextualizar os discursos de uma esperança que sempre se faz nova. A esperança é um horizonte que nos chama e nos convida a um momento novo, mas também é força que nos impulsiona e nos faz seguir adiante, apesar de tudo, mesmo contra toda a esperança.

É aqui que entra com força o livro de Lina Boff e a proposta que ela nos apresenta: Nova Terra – Novos Céus. A escatologia nos fala de um futuro prometido, de uma realidade que ultrapassa os limites de nossa razão e que não temos a capacidade de discernir, vemos como em imagens, tentando antever, experimentando tempos favoráveis, em que a graça nos acolhe e nos convida a uma nova abertura.

Ao mesmo tempo, a escatologia toca a realidade presente, ela se faz sentir na história, na caminhada de um povo que vive e sente uma esperança concreta, real, verdadeira, que liberta os cativos, que dá de comer aos famintos, que transforma a sociedade em um novo espaço e em uma nova estrutura, onde todos tenham vez e possam responder ao chamado último de sua vocação, que é ser em Deus, que é ser com Deus, que é ser um humano verdadeiro naquele que nos dá o sentido da verdadeira humanidade, que é Cristo Jesus. Somente assim é que se tem sentido em falar de um novo céu, pois Deus não é um estranho, mas é alguém próximo, é alguém que partilha a nossa vida, a nossa história, a nossa dor, tristeza e esperanças.

O livro que aqui apresentamos traz este recorte. Ele bebe da narrativa bíblica para instigar aspectos da caminhada. Ele retoma avanços do Vaticano II que nos provocam a ser Igreja de modo diferente. Ele é atento a grande esperança que se alimenta das pequenas coisas, das pequenas esperanças que nos fazem sentir e olhar o mundo de modo novo, na atenção as dores, aos gritos, aos lamentos do povo, às angústias e às esperanças, pois é junto a eles e com eles, junto ao povo é que se pode deslumbrar as riquezas das verdades da fé. Assim Deus veio até nós, ele se fez um de nós e se fez povo. Assim devemos fazer, ir ao povo e ser um com eles, para alimentar a nossa esperança e para responder ao chamado de um Reino que se faz na justiça, no amor e na paz.

Que este livro nos inspire, nos alimente e nos encoraje!

Agradecemos a Lina por este presente e desejamos a todos uma boa leitura!

**Cesar Kuzma**

*Teólogo leigo, casado e pai de dois filhos.*

*Doutor em Teologia e professor-pesquisador da PUC-Rio.*

# Do que trata este livro

Trata da índole escatológica da nossa vocação, na Igreja; da vivência desta vocação desenvolvida e celebrada no Grande Sacramento da Eucaristia; da Nova Criação trazida por Jesus Cristo; e da experiência de Comunhão que a Igreja peregrina faz com toda a humanidade histórica e trans-histórica, salva em Jesus Cristo, na sua caminhada de esperança como novo Povo de Israel.

Ao considerar a Igreja escatológica do Vaticano II e o seu desenvolvimento, como iniciam todas as quatro partes do livro, este privilegia a escatologia do sétimo capítulo da Constituição Dogmática *Lumen gentium,* a partir da qual, são comentados e interpretados os parágrafos desta Constituição, em partes, como seguem no texto do presente livro.

Na Parte Primeira destacam-se parágrafos da teologia que fundamentam a índole escatológica da nossa vocação, o Projeto divino da Primeira Criação, A Nova Criação na tradição do NT e por fim a Promessa da Nova Aliança

Na Parte Segunda destacam-se parágrafos que falam do Grande Sinal da Eucaristia como Memorial, a Escatologia nele contida, a tradição das Comunidades apostólicas como caixa de ressonância na interpretaçao da Última Ceia.

Na Parte Terceira vislumbramos tudo em figuras porque o capítulo VII da LG afirma que a Nova Criação já veio com a Ressurreição de Cristo, o Senhor. Por isso, vivemos em tensão pelo fato de querermos estar com Ele, mas ainda gememos e sofremos nesta terra. Junto com toda a criação.

Na Parte Quarta, a mais longa, destacam-se parágrafos que apresentam a teologia da comunhão dos santos por ser a comunhão um tema muito caro à igreja tornando-se seu ícone. Esta parte tenta explicar as relações existentes entre a Igreja peregrina e a Igreja celeste, na única Igreja de Jesus Cristo. Veja o índice do livro e leia os textos para saber mais detalhes.

Notas de orientação para a leitura dos parágrafos citados no texto:

O número dos parágrafos citados, vem seguido pelo número dos parágrafos das atas do Concílio, texto de onde foram traduzidos para o português.

- ***A repetição de algumas partes de tais parágrafos, ao longo do texto apresentado, tem como propósito mostrar o desenvolvimento de interpretação e de aplicação à vida de fé, das orientações pastorais e da doutrina escatológica dos padres conciliares.***

# PARTE PRIMEIRA

## A ÍNDOLE ESCATOLÓGICA DA NOSSA VOCAÇÃO

### I. A Igreja escatológica do Vaticano II e seu desenvolvimento

A Constituição *Lumen gentium* é a espinha dorsal do Concílio Vaticano II e é permeada da ação redentora de Cristo que leva a humanidade e toda a criação, à vida plena que transcende a vida terrena. Mas ao mesmo tempo, esta vida opera no tempo presente como germe de comunhão, de esperança e de salvação, germe que realiza a índole escatológica da nossa vocação, apresentada em seu capítulo VII.

Esta direção dá à Igreja uma dinâmica a partir da qual, toda a pessoa que confessa sua fé em Jesus Cristo, o *Éscatos,* entra no horizonte da *índole escatológica* não só da Igreja, mas de toda a humanidade que vive a comunhão, a esperança e a salvação da vida humana e de toda a criação. Todos os povos abertos aos valores universais encontram, na iluminação da verdade que vem de um único Deus, a comunhão e a unidade de todo o gênero humano.

Paulo VI define a Igreja com um tríplice olhar, através dos séculos. Primeiramente, dirige-se ao passado, ao seu ponto de partida e origem: o divino fundador, Jesus Cristo.

A seguir tem um olhar ao presente, com olhos abertos aos Sinais dos Tempos. E finalmente, o pontífice dirige um olhar na certeza do futuro encontro com o Cristo glorioso, como pessoa humana, mas sobretudo, como identidade plenificada pelo esplendor e pela glória da sua Divindade.

> Este olhar que se estende para adiante sobre o futuro, olha distante, e o seu horizonte está envolto por uma névoa luminosa, que não o deixa ver nas suas peculiaridades, mas o faz entrever em imagens, em sinais, em indícios que bastam para confirmar a direção do caminho empreendido e imprimir ao movimento da Igreja, uma especial energia (=vigor), uma aceleração segura: é a Esperança final: é a certeza do futuro encontro com Cristo glorioso[1]

É a este modo de ver a Igreja e de sentir com a Igreja, enquanto Povo de Deus peregrino sobre a terra, que não só o capítulo VII, mas toda a Constituição *Lumen gentium*[2],

---

[1] Ver o comentário feito pelo professor de teologia, N. CAMILLERI, intitulado, "Natura escatologica della Chiesa peregrinante e la sua unione com la Chiesa celeste", in AA.VV., La Costituzione Dogmatica sulla Chiesa, Torino-Leumann, 1967, pp. 871-872. Segue o texto na língua original: "Quest'occhio, che si protende avanti sul futuro, guarda lontano,e il suo orizzonte è avvolto da una nebbia luminosa, che non lascia vedere nei suoi particolari, ma lo fa intravedere in immagini, in segni, in presagi che bastano a confermare la direzione del cammino intrapreso e ad imprimere al movimento della Chiesa una singolare energia, una sicura accelerazione: è la Speranza finale: è la certezza del futuro incontro com Cristo glorioso"

[2] Cf. MOLINARI, P., "Índole escatológica da Igreja Peregrinante e suas relações com a Igreja Celeste", in BARAUNA, G., A Igreja do Vaticano II, (org.), Petrópolis: Vozes, 1965, pp. 1150-1154. Para facilitar o estudo e fundamentar sua afirmação de como toda a Constituição está inspirada no tema da escatologia, subdivide as citações segundo os assuntos principais nos quais a Constituição se articula. Temos então: a)- Da índole escatológica da Igreja e da vida cristã na terra (cap. I-II); b)- Da índole escatológica do múnus hierárquico na Igreja (cap. III); c)- Do múnus escatológico do estado laical (cap. IV); d)- Da índole escatológica da nossa vocação à santidade (cap. V); e)- Da índole escatológica do estado religioso (cap.

chama de *índole escatológica da nossa vocação*. Significa afirmar que, toda a pessoa de fé, conhece e vive essa propensão natural espiritual dada pelo Espírito de Cristo ao seu Povo como Igreja do Ressuscitado; conhece e realiza sua missão no mundo e muda as estruturas a serviço dessa missão; conhece e testemunha sua finalidade última e suprema, "aqui" e "agora", em vista da vida plena.

Esta visão nos dá a ótica sobrenatural, transterrena e definitiva da nossa vocação escatológica, como Povo de Deus, que peregrina neste mundo[3].

### *1. Compreendemos o sentido da nossa vocação[4]?*

Para tal compreensão partimos do significado da expressão "índole escatológica da nossa vocação". Podemos defini-la assim: é a propensão natural da pessoa que é chamada pelo Senhor Jesus, a viver e testemunhar a fé cristã em comunidade, porque busca a vida plena de si mesma, e da inteira criação.

A característica desta pessoa que vive este chamado do Senhor, é estar sempre voltada para o crescimento humano espiritual. Aberta à moção do Espírito e motivada pela disposição natural, a pessoa se enriquece pelo dom da fé e da esperança para viver a vida futura que lateja no presente, porque inaugurada pelo mistério da Encarnação que se plenifica no mistério Pascal.

Dentro desta concepção, a índole escatológica da nossa vocação, é imanente e operante em nós, em forma de germe,

---

VI); f)- Da doutrina escatológica no capítulo "Da Bem-aventurada Virgem Maria, Mãe de Deus, no mistério de Cristo e da Igreja (cap. VIII).

[3] Cf. VORGRIMLER, H., Karl Rahner. Experiência de Deus em sua vida e em seu pensamento, S. Paulo: Paulinas, 2006, p. 389-400.

[4] Cf. BOFF, Lina, "Índole escatológica da Igreja peregrinante", artigo da autora publicado in Atualidade Teológica, fasc. 13, Ano VII (2003), p. 9-31, revisto e atualizado para esta parte do livro. O artigo apresenta as fontes pesquisadas e uma ampla bibliografia da atualidade.

que congrega as pessoas em comunidades de fé. Estas, constituem a Igreja como mistério, por ser a um tempo humana e divina, visível e ornada de dons invisíveis, operosa na ação e devotada à contemplação (cf. *LG* 522). A nossa vocação na Igreja, tem esta marca: a de ser escatológica porque vive, no presente, o mistério da vida inteira do Cristo, Senhor da vida.

A índole escatológica da nossa vocação, portanto, cria a unidade do Povo de Deus, dando-lhe o sentido profundo da esperança cristã e assegurando-lhe a graça da salvação. Esta, resgata e desenvolve a consciência do sentido da nossa vida temporal, abre-nos ao discernimento dos sinais que anunciam a vida futura que se dará a seu tempo, mas que é vivida e testemunhada já, no tempo presente, seja no ser humano, na humanidade toda e na criação plasmada por Deus.

Entendemos ainda, por índole escatológica da nossa vocação, na Igreja, os seguintes elementos:

- conhecer e viver a natureza da Igreja como mistério, porque transcende as estruturas históricas;
- transcender para que Cristo sele conosco uma Nova Terra para um verdadeiro Céu, é a Nova Aliança;
- e viver as estruturas e funções no mundo como coisas transitórias e não permanentes.

Estes três elementos nos dão a ótica sobrenatural e definitiva das instituições que pertencem ao tempo presente, mas que apontam para a sua plenitude, ainda que de forma oculta aos nossos olhos. Mas, busca sua forma de estar no mundo para construí-lo como uma Nova Terra que, aos olhos da fé e da esperança[5], aponta para o verdadeiro Céu.

[5] Cf. RAHNER, K., Experiência de Deus em sua vida e em seu pensamento, o. c., p. 402s.

Ainda por índole escatológica da nossa vocação, portanto, é viver na comunidade de fé que tem a missão de anunciar as realidades perenes da nossa vida, dando plena autonomia às coisas terrestres. Estas transcendem os fins imediatos e penúltimos que a vida humana tem.

Nessa história, Deus mesmo se inseriu, na pessoa de Jesus Cristo e quis a vocação escatológica e transcendental para todos e todas. A pessoa que se nega ao crescimento humano e espiritual, é aquela que não quer evoluir nas dimensões a que é chamada viver e testemunhar o amor infinito do Pai que se fez presente na doação plena da vida de Jesus Cristo, nosso fim último.

> (48a/128) A Igreja para a qual somos chamados em Cristo Jesus e na qual, pela graça de Deus adquirimos a santidade, só se consumará na glória celeste, quando chegar o tempo da restauração de todas as coisas (cf. At 3,21). E com o gênero humano, também o mundo todo, que intimamente está ligado com o homem e que por ele chega ao seu fim, será perfeitamente restaurado em Cristo (cf. Ef 1,10; Cl 1,20; 2Pd 3,10-13)[6].

Respeitado o estilo literário de seu tempo, este parágrafo dá a compreender qual é a *mens* – isto é, o propósito, a intencionalidade dos padres conciliares, referente ao chamado do Senhor: a de viver no Cristo ressuscitado e com Ele testemunhar a todos os povos e ao mundo, a vida plena a que todos somos chamados. Através deste chamado, tudo deve fazer parte da nossa identidade cristã.

---

[6] Para todas as Partes deste livro, adotamos a tradução da Vozes de Petrópolis: Compêndio do Vaticano II: constituições, decretos, declarações, 1984. Achamos conveniente utilizar o número do parágrafo em primeiro lugar, seguido pelo número contínuo adotado pela tradução, com o objetivo de evitar repetições do mesmo número.

Assim como a personalidade individual é o princípio originário das várias expressões do nosso existir, assim também a índole escatológica da vocação cristã, é o constitutivo permanente, ao qual se faz referência às diferentes expressões e aos vários tipos de experiências, através das quais a pessoa chamada, manifesta sua vocação com todos os dinamismos latentes de sua existência.

Significa dizer que, cada um de nós é convocado a realizar o chamado à vida escatológica na sua capacidade máxima, até o ponto de chegar a ser um com Deus. Em Jesus de Nazaré se realizou esta capacidade máxima de união com o Pai e nós somos testemunhas, pela fé, desse evento inscrito

## *2. Por isso somos pessoas chamadas à vida plena*

Esse título quer falar de que somos pessoas chamadas a viver nossa vocação escatológica. Essa vocação como chamado de Deus, é um mistério de fé. Por esse motivo a vocação fala de Deus em primeiro lugar e a seguir, fala do ser humano nas condições limitadas da terra e da comunidade onde este vive. Deus toma a iniciativa e nos chama antes mesmo do nosso nascimento:

> Em Cristo, Deus nos escolheu antes da fundação do mundo, para sermos santos e irrepreensíveis diante dele no amor. Ele nos predestinou para sermos seus filhos adotivos em Jesus Cristo conforme sua vontade para sermos santos ..., infundindo-nos toda sabedoria e prudência para realizar com Cristo, todas as coisas, as que estão nos céus e as que estão na terra. (Cf. Ef 1,4-5+9-10)).

A vocação escatológica não está dissociada da santidade, portanto, não é exterior ao ser humano, mas se inscreve no diálogo íntimo entre Deus que chama e a pessoa que responde enquanto realiza o projeto histórico de sua vida terrena. Tal projeto é aberto à transcendência que dá um sentido infinito de plenitude e de sua realização não só como projeto humano que se esgota aqui, mas que aponta para a plenificação da vida, da criação e de todo o universo. Nesse sentido o documento da *LG* em seu parágrafo 48c/130 assim se expressa:

> (48c/130) A renovação do mundo, de um certo modo real, já é antecipada nessa terra. Pois, a Comunidade de fé, a Igreja, já é marcada com a verdadeira santidade embora imperfeita. Todavia, até que cheguem novos céus e nova terra, nos quais habita a justiça, a Igreja peregrina leva consigo, nos seus sacramentos e nas suas instituições que pertencem ao tempo presente, a figura deste mundo que passa. Ela mesma vive entre as criaturas que gemem e sofrem como que dores de parto no presente e aguarda a manifestação dos filhos e filhas de Deus.

Esta afirmação encontra seu fundamento na pessoa de Jesus de Nazaré que irrompe no meio da humanidade como plenitude realizadora na História da salvação[7].

A vida cristã toda testemunha essa tendência natural ao definitivo, sempre que participa da vida gloriosa do Senhor ressuscitado, seja no seu dia-a-dia da vivência da fé, seja na celebração do evento salvífico no Memorial da Eucaristia.

Para tal missão a pessoa humana é chamada por Deus Pai a fazer história, fazendo o caminho apontado por Jesus Cristo, que a seu tempo realizou o projeto do Pai, e hoje, através do nosso compromisso de fé, continua realizando esse projeto para toda a humanidade.

---

[7] Cf. MOLINARI, P., "Tendência escatológica da vida cristã", in A Igreja do Vaticano II, Petrópolis: Vozes, 1965, p. 1136-1137.

Toda a Igreja é chamada para a fé escatológica e como Comunidade de fé tem como missão primeira, despertar e alimentar a vocação para a santidade, fruto da graça de Deus que chega até nós e a toda a criação, através de Jesus Cristo. Esta só se completa de forma definitiva e perfeita, segundo o desígnio misericordioso de Deus, no tempo em que todas as coisas desse mundo sejam feitas novas, recriadas, transformadas, integralmente, por obra do Espírito Santo[8].

> (48b/129) Por isso, a prometida restauração[9] que esperamos já começou em Cristo e é levada adiante pela missão do Espírito Santo que nos instrui sobre o sentido da nossa vida temporal, enquanto com esperança nos bens futuros realizamos a nossa missão e efetuamos a nossa salvação.

No contexto dessa concepção a Comunidade de fé nos faz participantes da sua vida gloriosa nutrindo-nos com seu próprio Corpo e Sangue, o Grande Sinal que aponta para a restauração de toda a criação querida pelo Criador que pelo seu Espírito se manifesta sobre as águas de onde plasma todas as criaturas.

Com esse propósito é que vamos agora, aprofundar e refletir sobre esse grande gesto do Criador desde o seu primeiro princípio que a ciência teológica chama de protologia aberta à plenitude escatológica

---

[8] Cf. FAVALE, "Genesi della Costituzione",in La Costituzione Dogmatica della Chiesa, o. c., p. 20; 22-23; 61. Ver ainda: Il Concilio Vaticano II. Chronache del Concilio Vaticano II, volume V, Quarto Período, Roma, 1969, p. 412 - 416.

[9] Em grego "recapitulação" quer dizer *anakephaláiosis*, termo que, na sua forma verbal, se refere a Cristo que traz ao mundo a unificação de todas as coisas, tudo chega à unidade com a vinda de Cristo, isto é, tudo será salvo n`Ele. Na linha desta compreensão, certos Padres da Igreja, como Santo Irineu (ca. 130) apresentaram Cristo como Cabeça da Igreja que leva à realização do Plano de Deus na criação e na história da redenção (Cf. Ef 1,10).

## II. O sentido primeiro e último da criação

Para entendermos esse sentido da nossa vocação buscamos saber o que significa viver a nossa vida a partir da protologia à escatologia, que é o discurso referente à criação inicial - protologia - que percorre todo o caminho da História da salvação, até sua realidade última.

A realidade primeira e a realidade última se reclamam e se identificam, mediadas pela história que construímos. A criação inicial, assim como a escatológica, do ponto de vista cristão, possuem um horizonte maior para si mesmas: é o princípio da evolução do propósito de Deus de fazer com que toda a criação participe de sua vida divina como relação de amor e compartilhe com os seres por Ele plasmados para a sua glória (cf. Is 43,7).

A criação de Deus é um ato de puro amor. A dinâmica deste amor que se derrama sobre todos os seres que Ele criou, se dá 'para dentro', através da relação entre as Pessoas divinas; e se dá para fora, com todos os seres plasmados e plantados neste mundo[10].

Portanto, a determinação divina de plasmar a criação toda, é um ato de amor que não se esgota nunca, mas é eterno e sempre originário na sua manifestação e na sua revelação para cada ser e para todos os seres. Esse ato do amor de Deus se manifesta de maneira deliberada e explícita, ainda que de modo bastante mitológico e figurativo[11], em toda a Sagrada Escritura.

---

[10] Cf. BOFF, Lina, "Da protologia à escatologia", in Perspectivas para uma Nova Criação, Petrópolis: Vozes, 2003, p. 79-111-129: livro organizado por MÜLLER, I., que reúne as aulas dadas na Semana Teológica da PUC-RIO, Instituto Teológico e Filosófico Franciscano e Seminário Paulo VI.

[11] Cf., RUBIO, A. G., Unidade na pluralidade. O ser humano à luz da fé e da reflexão cristã, o.c., pp. 119ss. O autor apresenta o êxodo como experiência fundante da fé de Israel. Esta experiência é vivida como revelação-encontro com Deus e é igualmente reportada ao passado para interpretar o significado do tempo dos patriarcas, dos profetas, bem como das origens mesmo da humanidade que o autor sagrado narra no Livro do Gênesis.

A criação e a escatologia, mediadas pela história e pelo espírito de Deus, são horizontes para compreender de maneira cada vez mais profunda e ampla, a força do amor de Deus que o leva a criar o mundo e a humanidade para conviver com eles e fazê-los participantes da felicidade eterna.

Tanto a encarnação como a escatologia, são a criação divina; e a escatologia, é o caminho por excelência, para que toda a história se compreenda e se processe como criação e seu fim último. Este é o modo como o amor de Deus, revelado em Jesus Cristo, potencializa a criação e a História da salvação, em vista da sua plenitude.

Por isso, os tratados da escatologia e o da criação, como horizonte da reflexão teológica, devem ser articulados juntos. A criação como ato do amor de Deus tem como fim-fim a escatologia, isto é, a predestinação[12] de realizar, por primeiro, a plenitude de vida de toda a humanidade e do cosmo, mediante a eterna presciência e vontade divinas.

A predestinação escatológica faz compreender, corretamente, a criação, integrando-a no projeto divino. Supera-se assim, o conceito fixista de "natural" e "sobrenatural", e sobretudo se faz justiça ao mundo, à humanidade frágil e à própria ecologia colocada por Deus a serviço de todos.

### *1. A criação no Antigo Testamento*

Para o povo de Israel, Deus é antes de tudo, seu Salvador, porque a experiência fundamental dele como povo, é o de haver sido libertado da escravidão do Egito, e com isto Deus se torna para ele o Criador que realiza um ato de amor não só para com a humanidade, mas também para com toda a natureza.

---

Trata-se de desdobrar essa experiência dos fatos da história distante do povo de Israel.

[12] Esta palavra adquire unidade e sentido a partir da doutrina das coisas últimas, as coisas do FIM.

No caso do deslocamento das águas para que o povo passasse a pé enxuto, por exemplo, o povo interpreta esta ação de Javé como um ato salvador de seu amor (cf. Êx 14,21). Todavia, a reflexão de Israel não pára apenas na salvação criadora de Deus, mas avança levantando questões sobre a origem da humanidade, com a finalidade de integrar esta dimensão de sua fé no Deus salvador que lhe confia toda a criação numa relação de gratuidade.

Temos aqui, o breve relato dos primeiros onze capítulos do Gênesis. Deste modo vai se realizando o ato Criador do Pai de plasmar tudo o que é bom, salvar tudo o que foi plasmado de maneira gratuita, para que a humanidade e toda a criação se torne participante da glória e da felicidade divinas.

O ser humano, porém, e com este toda a obra da criação, nem sempre estiveram abertos ao propósito divino. A evolução da criação divina, voltada para a abertura e para o acolhimento da proposta de Javé para toda a humanidade, no povo de Israel, torna-se lenta.

Essa lentidão leva o povo a um fechamento da proposta até o ponto desse povo fechar-se à proposta divina e procurar sua fé em outros deuses e em outras tradições religiosas dos povos que conheciam, com a finalidade de buscar o sentido da própria vida, das labutas e pelejas que deviam enfrentar no dia-a-dia de sua caminhada.

Israel faz sua caminhada ora voltado para Javé, ora distanciando-se d'Ele. Nesse processo de ir em direção a Javé, e voltar por outros caminhos, a humanidade toda, no povo de Israel, abriu as portas da vida humana e da criação, para a entrada do mal no mundo. O autor sagrado faz uma narrativa mitológica de como isto se deu no mundo.

No terceiro capítulo do Livro do Gênesis, por exemplo, rico em figuras e mitos, o autor sagrado narra a saga da entrada do mal no mundo o qual perpassa toda a humanidade e não só o povo de Israel. O relato da criação e da queda no Oriente antigo, responsabiliza o próprio ser humano pelas condições de desgraça levantadas contra o propósito originário de Deus. Nesse contexto, a queda é um mal que se encarna e que se expande no mundo.

Com isso, o ser humano e toda a criação, orientados para a abertura, para a comunhão, a partilha dos bens e a plenitude de vida como dom de Deus que vive em Comunidade de amor, passam a conviver com o mal e com a tendência para o mal.

E Javé amarga o conhecimento que chega até ele, da maldade humana e se arrepende de ter criado o ser humano sobre a terra e padece em seu coração (cf. Gn 6, 6s). Em meio a esses 'altos' e baixos' da caminhada histórica do povo de Israel, Javé nunca abandonou seu povo, acompanhou-o passo a passo[13].

Por isso, o Novo Povo de Israel, que somos nós, perseguimos e Projeto de Deus.

> "Nós proclamamos a vossa grandeza, Pai santo, a sabedoria e o amor com que fizestes todas as coisas: criastes o homem e a mulher à vossa imagem e semelhança e lhes confiastes todo o universo... E quando pela desobediência perderam a vossa amizade, não os abandonastes ao poder da morte, mas a todos socorrestes com bondade, para que, ao procurar-vos, vos pudessem encontrar".

## 2. *Buscando o projeto divino da criação*

Diante da entrada do mal no mundo que trouxe a morte pela desobediência, Deus se revela à humanidade e

[13] Cf. Oração Eucarística – IV

à criação através de uma proposta de vida. Esta proposta vai se revelando como que num processo de evolução inteligível ao ser humano e vai se revelando à luz de um futuro absoluto que é a escatologia. A criação vai sendo compreendida cada vez mais pelo povo de Israel, à luz do seu destino escatológico.

O autor sagrado nos fala da atuação de algumas figuras significativas nesta caminhada histórica de Israel em direção à vontade salvífica de Deus. Apresenta a figura dos patriarcas, das grandes mães e das matriarcas que se colocam do lado do povo. Temos as lições da literatura sapiencial e o anúncio dos profetas escritores até Daniel que, falam ao povo de Israel, para reconduzi-lo ao seu caminho de origem.

Nesse contexto, destaca-se a experiência do Êxodo na qual emergem as figuras de Moisés como líder político que organiza o povo, nação santa e propriedade peculiar de Javé (cf. Êx 19,5-6); e Aarão, o sacerdote, que com sua atuação ,leva a nação israelita a caminhar em santidade e justiça diante de seu Deus (cf, Nm 3, 1-2; 5-6). Seguem-se as figuras de Abraão, o pai de todos os que crêem (cf. Gn 12,1-3).

Cabe fazer um aceno ao questionamento que toda a literatura sapiencial levanta em torno da existência do mal no mundo e na humanidade. Destaco, sobretudo, o livro do Eclesiastes, também conhecido como Qohelet. A data mais verossímil da sua composição está em torno do século III.

O autor desse livro escreve que tudo é decepcionante: a ciência, a riqueza, o amor, até mesmo a vida. Esta não é mais que uma série de atos incoerentes e sem importância (cf. Ecl 3,1-11), cujo fim é a velhice (cf. Ecl 12,1-7) e a morte, a qual atinge, igualmente, sábios e néscios, ricos e pobres, animais e homens (cf. Ecl 3,14-20). Embora seja uma pessoa de fé, o autor sagrado é atormentado pelo mistério do além, sem que vislumbre uma solução (cf. Ecl 7,13).

No livro de Daniel, composto em torno dos anos 167, há um texto importante que fala da ressurreição como anúncio do despertar dos mortos para uma vida de felicidade ou para uma vida de opróbrios eternos (cf. Dn 12,2)[14]. O reino esperado se estenderá a todos os povos, será sem fim, será o reino dos santos (cf. Dn 7,14.18).

A época dos profetas escritores se dá nos séculos VIII/VII a.C., é a época de Amós, Oséias, Isaías e Miquéias. A palavra de esperança e de consolação destes profetas reanimava o povo e exortava-o a uma atitude religiosa de acordo com o propósito divino. Eles olhavam o futuro com otimismo que irrompia da certeza que depositavam na fidelidade de Deus.

Para o profeta Isaías, por exemplo, alguém do povo de Israel viria para realizar a esperança que o próprio Deus tinha posto no coração desse seu povo (cf. Is 7, 14-16). E desse modo, o propósito que Javé tinha em mente realizar com seu povo ia se concretizando aos poucos (cf. Is 43,1-3).

O plano de Deus pensado desde o início da criação, repousava sobre a fraqueza humana, pois, Israel nem sempre conseguia se manter fiel a Javé, ora avançava, ora retrocedia na caminhada em direção ao projeto originário proposto[15].

Em meio a tantos acertos e a tantos desacertos, os profetas souberam captar "a voz de Deus" escondida no clamor da vida do povo sofrido e pobre. Nesse momento histórico, havia forte influência de forças econômicas e políticas contrárias ao propósito libertador de Deus.

---

[14] O autor sagrado assim se expressa a respeito: "E muitos dos que dormem no solo poeirento acordarão, uns para a vida eterna e outros para o opróbrio, para o horror eterno. Os que são esclarecidos resplandecerão, como resplendor do firmamento; e os que ensinam a muitos a justiça hão de ser como as estrelas, por toda a eternidade".

[15] Cf. WESTERMANN, Creazione. Brescia, 1974, pp. 137ss. A criação se situa no âmbito da soteriologia e por isso é aceita e acreditada como ato de salvação. A partir dessa ótica entende-se melhor os escritos do profeta e a importância que ele atribui à palavra de Deus na criação (cf, Is 40,26; 48,13).

Os profetas foram sensíveis em captar e compreender esta situação em que o povo vivia. Procuraram então sustentar a esperança do povo sob o estímulo das palavras e das mensagens de que eles eram portadores em nome de Javé[16].

Deste modo, preparam o povo para uma abertura que o faz vislumbrar um novo horizonte de vida e perceber sinais concretos que apontam para uma virada histórica da própria vida por um mundo melhor. Nesse contexto de forte expectativa do povo de Israel, pode-se falar de Jesus, como o Profeta[17]. A esperança, antes anunciada aos pobres, agora se realiza em Jesus que anuncia uma Nova Aliança, que é o Reino, a Nova Criação.

### *3. Jesus realiza o projeto divino*

Ao lermos as Sagradas Escrituras percebemos que toda a História bíblica é escatológica, não no sentido da doutrina das últimas coisas, pois esta é recente, mas como a história das coisas de significado último para a caminhada da humanidade, como história da esperança[18].

É para com esta humanidade que Deus toma a iniciativa de comunicar-se e de revelar-se como seu salvador e criador. Significa dizer que a criação toda não é fruto do acaso, mas de um propósito pensado e concebido no amor em vista da humanidade e de todo o cosmo (cf. Rm 16,25-27).

---

[16] Cf. COLOMBO, G., Bilancio della teologia del XX secolo, vol. III, Roma, 1972, 44-66.

[17] Cf. COLOMBO, o. c., p. 65. O nexo entre palavra e salvação, faz passar o mundo material da realidade com suas leis naturais, ao evento histórico do qual Javé é o verdadeiro autor. A criação então, aparece compreendida e interpretada a fundo, só a partir dos acontecimentos últimos. A criação não é simples protologia, puro passado, mas é evento salvífico em tensão que opera e leva à plenitude todas as coisas criadas. Jesus é o *Éschatos*, o Último, aquele que levou à plenitude toda a criação.

[18] Cf. POLITI, E., História e Esperança. Escatologia cristã. S. Paulo: Paulinas, 1996, pp. 113-157.

A atuação plenificadora de Jesus ao propósito do Pai, não se encontra fora da prática e do conhecimento dos escritos vétero-testamentários, que seu povo já vinha realizando, ora com avanços e ora com retrocessos. Tais escritos supõem a fé na ação salvífica de Javé. Jesus revela e testemunha esta fé, com a prática de suas obras e com o seu anúncio do Reino de Deus.

O anúncio e a prática sempre ultrapassam a vida temporal, levando cada pessoa e todo o povo que seguia Jesus, a questionar. Estes sempre ultrapassam a prática e a vivência do momento, levando cada pessoa e todo o povo que o ouvia ou procurava, a questionar a validade dos argumentos nos quais fundamentavam sua expectativa no Messias esperado.

Jesus entrou na caminhada de seu povo, fazendo experiência dessa caminhada e junto com todos, não perdeu a memória dos feitos de Javé. celebrando tais feitos no culto, vivendo cada vez mais intensamente, as coisas futuras que ansiava vê-las realizadas.

O culto era o lugar onde o povo refrescava a memória, reabastecia a sua consciência e renovava o seu compromisso ao projeto salvífico de Deus. A história de louvor e agradecimento apresentada pelos escritos vétero-testamentários desembocava no compromisso de engajamento e de luta pela justiça, como também, tomava consciência de trabalhar por uma sociedade igualitária de pessoas irmanadas pela mesma fé e pelo mesmo chamado.

A palavra pronunciada por Jesus nesse contexto, repercutia, profundamente no coração de todos, sem contudo, ter o mesmo efeito para cada pessoa ou grupo. Esta atuação de Jesus, referente ao propósito originário de Deus, motivou o povo de Israel a ligar sua vida cada vez mais à fé dos patriarcas e dos profetas, dando-lhes uma interpretação própria, centrada na expectativa do Deus da aliança e da promessa.

Deste modo, os escritos néo-testamentários não só anunciam o Deus salvador de Israel, mas estes escritos preocupam-se também com a criação do mundo com tudo o que nele existe, encorajando seus discípulos a confiarem no Pai que não deixa faltar o pão nosso de cada dia, a roupa para nos vestir e o teto onde morar.

Mas recomenda ocupar-se antes de tudo, da tarefa essencial da vida, que é o compromisso pelo Reino de Deus e sua justiça (cf. Mt 6, 25-33). É assim que Jesus se torna o profeta que leva à completude a Nova Criação, pois, n'Ele todas as coisas se fazem novas e toda a humanidade se transforma.

### *4. A esperança do povo toma rosto*

Esta é a realização do Projeto divino que tem como ponto alto de seu processo humano espiritual, toda a vida, toda a obra, a pregação, a paixão e morte de Jesus, culminando na ressurreição. A ressurreição de Jesus é a luz que de repente, iluminou todo o passado.

À luz da ressurreição, os cristãos começam a reler o Antigo Testamento e descobrem nele sentidos novos que antes não podiam ser descobertos, porque faltava a luz (cf. 2Cor 3,15-16). A luz que veio, foi a ressurreição que culminou a vida e a obra de Jesus.

Pois, é no Antigo Testamento que eles buscam as palavras para expressar a nova vida que estão vivendo no Ressuscitado. Em Cristo encontram a realização da Promessa que Deus fizera ao povo desde o princípio (cf. Êx 6,6-8). Na ressurreição de Jesus desabrochou a semente, e, no dizer dos Padres da Igreja[19], todo o Antigo Testamento se tornou *Novo Testamento.*

---

[19] STUDER, B., "Criação", in Dicionário Patrístico e de Antiguidades Cristãs, Petrópolis/S. Paulo/Vozes/ Paulus, 2002, 353-354; PELLAND, G., "O livro do Gn nos Padres", et alli, 607-609.

A maior parte dos títulos dados ao Ressuscitado são tomados do Antigo Testamento: Messias (Sl 2,2), Filho do Homem (Dn 7,13), Filho de Deus (2Sm 7,13), Servo de Javé (Is 42,1), Redentor (Rt 4,15), Senhor, palavra tomada quase seis mil vezes.

Todos os grandes temas da antiga criação, lidos à luz do Cristo Ressuscitado, desembocam em Jesus, a Nova Criação, a escatologia plenificada. Estes grandes temas encontram n'Ele a sua realização perfeita. É aqui que a dimensão messiânica encontra seu objetivo, pois era no Antigo Testamento, que os primeiros cristãos, buscavam os dados que identificavam a pessoa de Jesus.

De acordo com os Evangelhos, é nesta pregação que Jesus expressa seu pensamento básico, visto que na tradição judaica, essa idéia tinha seu "lugar vivencial", na celebração. Tais afirmações encontram seu fundamento nas passagens dos Evangelhos e nos elementos teológico-criacionais, referentes à Nova Criação dos demais escritos do Novo Testamento.

## III. Irrompe a nova criação do Novo Testamento

Esta, recupera de maneira eficaz, o aspecto histórico da fé no Deus salvador e criador experimentado perlo povo de Israel através da narrativa dos livros do Êxodo e do Gênesis, mas, sobretudo, quando proclama a iminente chegada desse Deus que irrompe no mundo com o evento Cristo: *Cumpriu-se*[20] *o tempo e o Reino de Deus está próximo. Arrependei-vos e crede no Evangelho* (Mc 1,15).

Com sua obra e sua pregação, Jesus repropõe à pessoa humana, a confiança ilimitada no Criador que faz novas

[20] Significa dizer: fim de uma história que convivia com o mal; supõe continuidade com o desígnio de Deus; todos tomaram conhecimento; a Economia da salvação é plena.

todas as coisas antigas e velhas e a certeza de encontrar n'Ele a plenitude da vida. Como se dá isso nas distintas tradições do Novo Testamento.

### *1. Na tradição de Marcos*

Marcos escreve à sua comunidade um ensinamento que ultrapassa a lei tão arraigada ainda na mente de cada um. O narrador se propõe a mostrar a senhoria real do Deus Criador de todas as coisas novas, na pessoa de Jesus Cristo, escrevendo:

> O sábado foi feito para o homem e não o homem para o sábado; de modo que o Filho do homem é Senhor até do sábado (Mc 2,28-29).

A restituição da boa ordem da criação inclui também uma interpretação do sábado distinta aquela de seus contemporâneos, que se limitam a observá-lo, exteriormente, e não com o coração, para ter motivos de acusá-lo em nome da lei (cf. Mc 3,1-6). Marcos dá uma interpretação que tem seu ponto de partida no significado original de que, todos os dias devem ceder à centralidade que Deus deve ter na vida humana e dedicar este tempo, para o louvor daqu'Ele que tudo criou como dádiva, e para o qual a nossa vida toda deve voltar-se ao seu louvor hínico e para que reine a justiça entre todas as criaturas.

O mesmo pode-se dizer dos milagres e sinais operados por Jesus, no cotidiano da vida simples daquele tempo e da quele modo de pensar e viver, simplesmente. Assim se deu com a multiplicação dos pães (cf. Mc 6,30ss), com o caminhar de Jesus sobre as águas do lago, com a tempestade acalmada depois de ser acordado pelos discípulos (cf. Mc 6, 49-52).

Em todos estes gestos, Jesus mostra a sua potência criadora, a ponto de provocar nas pessoas a pergunta:

*Quem é este a quem o vento e o mar obedecem?* (Mc 4, 41). Num contexto de discussão sobre as tradições humanas dos fariseus, a lição é esta:

> *Não é o que entra pela boca que torna o homem impuro, mas o que sai da boca, isto sim o torna impuro (Mt 15,11).*

Nas curas e na "reanimação" das pessoas nas quais é comunicada a nova vida com a sua palavra libertadora, a atuação de Jesus é colocada à disposição do ser humano situado no contexto de uma criação decaída, velha, decrépita e sem energia espiritual.

Refunda a indissolubilidade do matrimônio com uma referência expressa à criação que quer contrastar a prática do divórcio, a qual continua comandando a "dureza de coração": *Mas desde o princípio da criação Deus os fez homem e mulher* (Mc 10,6). O fato de os seres humanos existirem como homem e como mulher, segundo a vontade de Deus e de sua destinação para a vida de comunhão, levou Jesus a tratar da questão da igualdade no tratamento de ambos os sexos.

A boa ordem da criação, na sua origem, desde o início, como pensada por Deus, deve se tornar realidade com a Nova Criação trazida pela vida e obra do Filho, que culminou com a ressurreição, porque passou pela morte.

A proclamação essencial do Reino de Deus é esta vida nova que se instaura em toda a criação. Pode-se pensar que toda a criação tem necessidade deste anúncio: *Ide por todo o mundo, proclamai o Evangelho a toda a criatura* (Mc 16,15). Criatura, nesse contexto explicativo, não só diz respeito ao homem e à mulher, mas a todas as coisas plasmadas pelo Criador do céu e da terra, das coisas visíveis e invisíveis (cf. Cl 1,16).

## *2. Na tradição de Mateus*

Mateus, em seu capítulo 13, sobretudo, apresenta um Jesus que observa com carinho os fenômenos da natureza, o convívio da pessoa humana com os elementos da criação, e de como o ser humano cuida ou não do ambiente.

O evangelista interpreta ocorrências do cultivo da terra, por exemplo, na semeadura dos grãos para o alimento e assim por diante. Fala em parábolas tomando a figura do semeador que semeia sem o devido cuidado com o lugar e a terra em que cai a semente. Faz uso de muitas metáforas de seu ambiente para alertar os ouvintes de como interpretar os sinais que se realizavam no meio deles. (cf. Mt 13,18ss).

Assim acontece com a figura do joio no meio do trigo, e do grão de mostarda (cf. Mt 13, 24ss e 31ss), nas quais se evidencia, na primeira parábola, a liberdade dos filhos e filhas de Deus de crescerem juntos até a maturidade; e na segunda parábola, o crescimento da vida interior espiritual que começa muito insignificante – grão de mostarda - e chega ao seu desabrochamento máximo como o fermento que leveda o pão e nos nutre (cf. 13,33), serviço que a mulher faz com grande cuidado.

Não deixa sem explicações e comentários, o árduo trabalho da vinha (cf. Mt 20,1-16), em que o ser humano se realiza pelo trabalho como expressão da própria vida, sem que lhe seja cobrado o tempo que dedicou, se não a intensidade com que realizou tal trabalho.

Na parábola da figueira que anuncia uma nova estação climática, ao colocar em seus ramos novas folhas, evidencia-se o cuidado que devemos ter ao interpretar os sinais que anunciam a chegada da graça encarnada (cf. Mt 21, 18-22).

Por isso, recomenda estarmos vigilantes e em oração, pois esta é a atitude dos servos que aguardam a voz daqu`Ele que nos chama para o compromisso do tempo presente que aponta para o futuro definitivo. Dar bons frutos, é o mínimo que devemos fazer, quando tudo nos é doado por graça e com liberalidade.

Estas são algumas das figuras extraídas da criação cósmica, conhecidas pelas pessoas que seguiam a pregação de Jesus, e que, segundo a comunidade de Mateus, figuras que Jesus utilizava para explicar aos seus ouvintes, em que consistia a Nova Criação trazida pela graça salvadora.

### *3. Na tradição da obra de Lucas*

Quando Lucas narra a primeira tentação de Jesus, o tentador toma elementos da natureza para levar Jesus a satisfazer a fome do jejum que estava fazendo. Manda que a pedra se transforme em pão, pondo cheque a divindade do Filho de Deus (cf. Lucas 4,3). O evangelista mostra, deste modo, a profunda conexão e, de certo modo, a estreita relação entre a pessoa humana e as coisas criadas, plasmadas plantadas, colhidas e colocadas à nossa disposição pelo Criador.

Ainda nesta mesma ótica, não se pode deixar de evidenciar a utilização que o narrador faz da semente e do semeador (Lc 8, 4-18), ensinando aos seus ouvintes de que não existe só o planeta-terra, que produz frutos abundantes e de forma gratuita para a nossa vida neste mundo.

Mas que existe também a terra do coração humano, onde a semente é semeada, podendo dar ou não dar os frutos esperados. Segundo o narrador, Jesus explica o significado daquilo que ensina, passando da imanência para a transcendência, como por exemplo, quando se dirige aos discípulos com este dito: *A vós foi dado conhecer os mistérios do Reino de Deus* (Lc 8,10).

A seguir, cabe destacar o ensinamento que Lucas passa para a sua comunidade, quando toma exemplos muito simples para explicar-lhe que a vida vivida no espírito, é mais do que o alimento, e o corpo mais do que a roupa (cf. Lc 12, 22-31). Nesta narrativa, o evangelista traz o exemplo das aves do céu que todos conhecem e admiram; elas se alimentam sem semear e sem fazer armazenamento de comida e no entanto são sustentadas.

Os lírios, que não se afadigam nem fiam, sem, contudo, faltar-lhes a beleza tão intensa que carregam, que nem Salomão, com todo o seu esplendor chegou a vestir-se como um deles.

No mesmo capítulo, Lucas quer que sua comunidade entenda a profunda ligação existente entre o que acontece na natureza, através de seus fenômenos, seus sinais, as estações com suas temperaturas diversas e o alimento específico de cada estação do ano. Explica à sua comunidade, como isso tudo está, intimamente, ligado com a vida humana em todas as suas dimensões (Lc 12,54-59).

Como exímio mestre, o evangelista leva sua comunidade a entrar num discernimento que tem a ver com a chuva sinalizada pela nuvem que se levanta do poente; tem a ver com o calor quando o vento do sul sopra; tem a ver com o aspecto da terra e do céu quando este último nos leva a discernir o tempo presente, com esta repreensão:

> Quando vedes levantar-se uma nuvem no poente, logo dizeis: 'Vem chuva', e assim acontece. E quando sopra o vento do sul, dizeis: 'Fará calor' e isso sucede. Hipócritas, sabeis discernir o aspecto da terra e do céu; e por que não discernis o tempo presente (Lc 12, 54-57)?

E finalmente, ao falar de Jesus no envio dos apóstolos em missão, alertando-os para a hora do combate decisivo, lhes faz a célebre pergunta:

> Quando eu vos enviei sem bolsa e nem alforje, nem sandálias, faltou-vos alguma coisa? Nada, responderam (Lc 22,35).

Estes e outros exemplos que manifestam a obra de Jesus em sua caminhada terrena no meio do povo judeu, passam a ter um significado maior a partir da sua ressurreição. Já na Ùltima Ceia, o grande sinal deixado por ele, deu a conhecer seu mistério pascal, coroado pela doação da própria vida, e vivido por nós na realidade. O que é sinal se faz Realidade. No momento presente, porém, entrevemos só em sinais

Por fim, no Livro dos Atos dos Apóstolos escrito pela comunidade de Lucas, há afirmações da Nova Criação em Cristo, em que encontramos Paulo falando aos não-judeus a se converterem ao Deus vivo, que criou o céu, a terra e o mar, e tudo o que faz parte deles (cf. At 14,15). O apóstolo quer deixar claro nesta ocasião, que o uso providencial das obras da criação divina em favor de suas criaturas, é que leva a admitir um Deus Criador.

Veremos agora, como o evangelista João apresenta sua tradição no ensinamento da comunidade ao falar da presença da Nova Criação já no tempo presente e na própria pregação do mestre que fala em sinais.

### *4. Na original tradição de João*

João toma uma quantidade considerável de figuras para explicar a seus ouvintes a criação pode-se dizer, hoje, integral da pessoa humana. A criação da nova criatura, no dizer do apóstolo, que é chamada a buscar sempre em sua vida. Veremos algumas das muitas figuras utilizadas por esse evangelista.

Em seu Prólogo do evangelho João toma a figura da luz que ilumina e que encontramos bastante sublinhada nesse texto. No capítulo 2 toma a figura da água que é transformada em vinho, nas Bodas de Cana da Galileia. Quando é procurado por Nicodemos, narrativa do capítulo 3, Jesus fala da necessidade do nascimento pela água e pelo Espírito. Ao encontrar-se com a samaritana no capítulo 4 fala-lhe da água que sacia a sede uma vez por todas.

Logo adiante, no capítulo 5 Jesus prepara o povo para estarem atentos ao testemunho que Ele dá como Filho do Pai e como enviado pelo Pai. Apresenta-se então como o caminho, a verdade e a vida para todos, pode-se dizer que se refere aqui, para a humanidade. Já no capítulo 6 fala do pão multiplicado para uma multidão faminta, contrariando toda dificuldade colocada pelos apóstolos que o acompanhavam nessa pregação. Outra figura encontramos no capítulo 15 apresentada pela videira cuidada pelo agricultor para que dê frutos abundantes no tempo certo.

Enfim, são figuras através das quais Jesus se dá a conhecer como aquele que habita e dá sentido profundo da imanência das coisas criadas e que se abrem para a transcendência da vida escatológica em Deus e seu mistério. Diante de uma situação de carência material e vital como é o pão e a água, entram em cena uma mulher da Samaria, a samaritana, e o notável rabi com suas dúvidas.

Só a samaritana, porém, sai desta cena, conhecedora da fonte de água viva, consciente de ser querida pelo Pai, que faz dela não só uma adoradora do verdadeiro Deus, mas uma evangelizadora pela palavra e pelo testemunho. Ela descobre que Jesus é o dom do Pai e que ela também é, gratuitamente, dom do Pai de quem Jesus lhe havia falado e agora ela também passa a anunciá-lo como o Messias que todos esperavam.

Nesse contexto, Jesus mostra que o poço da verdadeira água é Ele e que a desordem interior humana não representa um obstáculo ao trabalho de sua graça. E se a samaritana tivesse que nos dizer alguma coisa seria esta: a de relatar que ela havia aprendido de Jesus de que Ele não se dá por vencido diante das nossas resistências. Buscar novas fontes e poços de água para a nossa sede de vida infinita, é fazer o caminho que nos leva ao sentido perdido da profundidade da vida interior, manifestada na nossa prática.

O evangelista elabora a escatologia da Nova Criação, num estilo muito mais pensado e refletido que aquela encontrada na teologia narrativa e histórica dos sinóticos. João enfatiza muito tudo aquilo que foi realizado, sem todavia, suprimir a esperança.

A escatologia de João é caracterizada como esperança realizada: toda a obra da salvação foi cumprida, a eternidade já começou e já está presente no tempo (Jo c. 14). Insiste sobre a decisão da fé que cada pessoa deve ter a respeito de Jesus (c. 16).

O tema do juízo pervade todo o pensamento escatológico de João (c. 15). Os milagres são chamados "sinais", e possuem um valor escatológico de juízo, porque manifestam a glória de Jesus e provocam o juízo de fé no coração das pessoas (Jo 2, 11.18ss).

Encontramos em João, duas distintas concepções escatológicas. Estas, não são facilmente, harmonizáveis entre si. Em primeiro plano está a conhecida escatologia presente, isto é, a idéia de que a salvação e o juízo se verificam no encontro com Jesus. Quem crê na mensagem de Jesus tem a vida eterna; esta pessoa não é julgada, e já passou da morte à vida (Jo 5,24). Quem não crê, já é julgado (Jo 3,18), sobre esta pessoa está a ira de Deus (Jo 3, 36).

Junto a essas afirmações escatológicas, encontramos também outras que falam da salvação ou da perdição definitivas, no último dia, e testemunham a ressurreição dos mortos (Jo 6, 39-40).

A Eucaristia é vista como sacramento da vida e da esperança escatológica, que garantem a ressurreição no último dia (Jo 6, 54). Uma escatologia pronunciadamente, cósmica, encontramo-la no Apocalipse que, fazendo-se eco dos textos vétero-testamentários, fala da ressurreição dos mortos, do juízo universal, do novo céu e da nova terra (Ap 20, 11-21, 5).

O tema central do Apocalipse, é a senhoria escatológica do Cristo ressuscitado que, embora sendo ele o centro da história, e tendo já vencido todas as forças do mal, deve ainda manifestar-se em uma completude externa e cosmológica (Ap 21+Rm 8).

### *5. Na tradição de Paulo*

Os escritos néo-testamentários inserem o evento crístico no contexto da teologia da Nova Criação. Sobre a antiga criação, Paulo apresenta afirmações teológicas que se pode classificá-las em afirmações referentes à Nova Criação. Quanto a esta última as afirmações paulinas apresentam um conteúdo, especificamente, centrado na criação trazida por Jesus Cristo. Pois, ela não veio só para libertar do pecado e da morte a humanidade, mas libertar das amarras desse mal a própria matéria, e todo o cosmo.

Numa de suas Cartas o apóstolo fala dessa libertação num contexto em que todas ascoisas criadas, desde o Gênesis ao apocalipse, já começa na vivência dessa fé na terra e na Comunidade de fé. Pode-se afirmar essa concepção já no primeiro parágrafo da Constituição da Igreja em seu capítulo VIII que trata da Escatologia sem dissociar a vida presente da vida definitiva em Deus.

> (48/129) ... a prometida restauração que esperamos já começou em Cristo, é levada adiante na missão do Espírito Santo e por Ele continua na Igreja, na qual

> pela fé, somos instruídos ... enquanto com esperança nos bens futuros, levamos a termo a obra entregue a nós no mundo, pelo Pai e realizamos a nossa salvação (cf. Fl 2,12-13).

Para a tradição judaico-cristã, Jesus Cristo é o vértice e o centro da criação, segundo a expressão de Paulo:

> Ele é a imagem do Deus invisível, o Primogênito de toda criatura, porque e nele foram feitas todas as coisas, nos céus e na terra, as visíveis e as invisíveis: ... Ele é antes de tudo e tudo nele subsiste... Ele é o Princípio ... pois nele aprouve a fazer habitar toda a Plenitude e reconciliar por ele e para ele todos os seres, os da terra e os dos céus, realizando a paz pelo sangue de sua cruz (Cl 1, 15-19).

O escândalo da cruz traz de volta a origem da criação: o Pai criando o mundo, renega a si mesmo, como o Filho renega a si mesmo, no sacrifício da cruz. A origem do mundo, revelada pela cruz, é um amor sacrificial. Cristo chega até nós pela força do Espírito Santo, dentro da criação marcada pelo pecado e pela morte, de modo que criação inteira, a começar por Cristo, vive em estado de tensão escatológica, porque geme e sofre dores de parto até que não seja libertada (cf. Rm 8,22).

Paulo lhes explica que, nos tempos passados, Deus deixou a humanidade que fizesse o caminho que quisesse. Ele porém, nunca deixou de dar testemunho de si mesmo através do bem que fazia, da chuva abundante que mandava dos céus e dos tempos fecundos; com alimento e alegria encheu os vossos corações (cf. At 14,16s).

E continua fazendo sua exposição de fé: Quem não participa desses bens da criação *(ktísis),* se exclui porque se fecha à graça pela sua desobediência. Portanto, todos, homens e mulheres, estão sob o sinal da justificação gratuita de Deus em virtude da redenção realizada por Cristo Jesus (cf. Rm 3, 21s). Pois, só a fé que age pelo amor permite à lei, chegar à sua finalidade, que é a justiça e a santidade de todo o ser humano.

Deus criou tudo para o bem. Cada criatura (*ktísma*) é boa e nada deve ser descartado, jogado fora, desrespeitado e mal visto, de tudo aquilo que Deus criou: também os alimentos devem ser tomados com ação de graças (cf. 1Tm 4,3s). A presunção e a rebelião do ser humano, ameaça a criação divina, fazendo mau uso dela, sem nenhum respeito pela sua vida que germina e irrompe no dia-a-dia. A humanidade, portanto, é o escopo primeiro da criação divina, a existência e a continuidade da criação de Deus, se decide na própria humanidade.

As Cartas em que Paulo proclama a Nova Criação dada em Jesus Cristo, condensa-se na expressão *o Primogênito dentre os mortos,* para a qual convergem o sentido cristológico e eclesiológico da sua teologia. Significa dizer que Cristo é o novo Adão:

> ... visto que a morte veio por um homem, também por um homem vem a ressurreição dos mortos. Pois como em Adão – germe da criação -, todos morrem, assim em Cristo todos serão vivificados (1Cor 15,21s).

O apóstolo estabelece o paralelo Adão-Cristo como figura para exemplificar a doutrina da redenção. A comparação tipológica do "primeiro homem" e do "último homem" evidencia a importância escatológica e definitiva do evento crístico. Assim se expressa Paulo:

> ... o primeiro homem, Adão, foi feito alma vivente; o último Adão tornou-se espírito que dá vida (1Cor 15,45).

Com a Nova Criação cessam os antigos privilégios que dividiam os homens em circuncisos e incircuncisos. A validade de tais privilégios foi substituída pelo importante conceito de que todos pertencemos a Cristo, e todos guardamos a mesma igualdade diante d'Ele, entre cada um de nós, com o mundo criado e com todas a coisas que nele existem.

Por isso, o caminho do povo que se dirige ao advento da fé verdadeira, traz esta marca:

> Não há judeu nem grego, nem escravo nem livre, não há homem nem mulher; pois todos vós sois um só em Cristo Jesus (Gl 3, 28-29).

Paulo quer dizer que, o passado está superado pela cruz de Cristo, pela qual o mundo, essência da antiga criação, não pode ter direitos, uma vez que pertence, integralmente, a Cristo. A centralidade da teologia da Nova Criação, não só elimina as diferenças fundamentais existentes na humanidade, mas fala do novo ser humano, da nova criatura:

> Se alguém está em Cristo, é nova criatura. Passaram-se as coisaS antigas; eis que se fez uma realidade nova (2Cor 5,17).

A humanidade nova é revestida de um novo "Eu" que nada mais tem a ver com o antigo. Se a velha humanidade era marcada pelo pecado que rompia a comunhão com Deus e com as criaturas, a humanidade nova é caracterizada pelo novo conhecimento e sabedoria que adquire da vontade de Deus e que torna a pessoa humana, imagem do seu Criador e com ele vive em comunhão de vida, pela mediação única de Cristo que nos trouxe a filiação divina.

## IV. O que entendemos por Novos Céus e Nova Terra

Quando se fala de Novos Céus e Nova Terra, formula-se a realização plena do princípio-esperança trazido pela ressurreição de Jesus, que fez novas todas as coisas. N'Ele o projeto divino do Pai é consumado[21], isto é, a matéria humana e a matéria cósmica entram na vida de Deus como Comunidade relacionada pelos laços do Amor.

João nos fala a partir da sua fé, e formula, até as últimas consequências, a verdade e a realidade da esperança humana na Nova Criação. O Apocalipse mostra-nos imagens de Deus oferecendo-nos um Novo Céu e uma Nova Terra (Ap 21,1), apontando para uma Nova Aliança que é a morada definitiva de Deus conosco (Ap 21,3). É a visão da terra sem males sonhada pelo povo de Deus, que anuncia a este seu povo, que está começando a Nova Criação

Na Primeira criação, Deus oferece sua graça salvadora, que nos liberta das amarras do mal e do nosso fechamento à amizade divina da Comunidade trinitária. Sem levar em consideração a ordem cronológica dos fatos, pois que, a História salvífica é sempre atual, o autor do livro do Gênesis escreve que Deus iniciou seu trabalho criando a luz (Gn 1,3). Mas sobrou a noite, sobrou a escuridão (Gn 1,5). Agora, na Nova Criação, a luz vence. A noite, a escuridão não existem mais (Ap 21,25). Tudo é luz! Jesus, o Cordeiro é a lâmpada que ilumina tudo (Ap 21,23). Das coisas antigas nada sobrou. Tudo se foi! (Ap 21,4).

Nesta Segunda Criação, Deus oferece a sua graça salvadora pelo seu Filho, que nos liberta das amarras do mal e do nosso fechamento à amizade divina da comunidade trinitária. O mundo cá de baixo, velho e caduco, deixou

---

[21] Significa dizer que a matéria entra no espírito de Deus, transforma-se em uma identidade gloriosa.

de existir. O mundo lá de cima ocupou seu lugar. A utopia tornou-se realidade! E o Senhor proclama:

> Eis que eu faço novas todas as coisas. Elas se realizaram! Eu sou o Alfa e o Ômega, o Princípio e o Fim; e a quem tem sede eu darei, gratuitamente, da fonte da água viva (Ap 21,5-6).

A esperança entra na vida do povo e este passa viver a presença ontológica da graça, na qual se enraízam a fé e a mística fundamentadas nos valores humanos, nos recursos da comunidade de fé, e na atividade humana de cada membro. Pois, o Cristo que nos trouxe a graça encarnada, se uniu à matéria de tal sorte que, a matéria se uniu à divindade, e o ser humano, tocado pela graça, não é uma pessoa abstrata, é um rosto marcado por toda a história humana que se faz História da salvação.

A esperança que cria uma história iluminada pela fé, não diminui o valor e a importância de todas as coisas criadas e as realizações terrenas, mas antes as incentiva para que estas realizem seus fins, sempre com novas motivações suscitadas pela descoberta das ciências e pela iluminação da fé[22]. E Deus convida seu povo a viver, uma nova aliança, um novo modo de se organizar, uma comunidade de fé renovada, e finalmente, Deus mesmo se oferece para morar conosco até o fim dos tempos.

### *1. Viver uma nova Aliança*

Esta Aliança é feita com o povo e com cada pessoa em particular de que Deus está presente conosco nesta terra até o fim do tempo de cada pessoa e de todos os povos da terra. É a perfeita harmonia dos povos entre si e com Deus, da pessoa com a comunidade e da comunidade com a pessoa.

---

[22] Cf. IMPERATORI, M., H. U. von Balthasar: Uma teologia drammatica della storia, Pubblicazione del Pontifício Seminário Lombardo in Roma, 2001, p. IX-X.

O povo da nova Aliança já não será um povo separado dos outros povos, mas sim a própria humanidade recriada, renovada. Ela será a tenda de Deus com toda a criação.

Deus pronuncia sobre a humanidade estas palavras: *Eu serei o seu Deus e ele será meu Povo (Ap 21,3)*. O sinal de maior significação desta nova Aliança, no Primeiro Testamento, é dada pelo Cristo na Última Ceia com os seus. Sela-se aqui a nova Aliança sobre a estrutura da antiga que preparou a humanidade para a vida em plenitude.

### *2. Um novo modo de se organizar*

Sob a inspiração da organização das Doze tribos de Israel, desejamos com ardor e tremor uma organização do povo humana, justa e solidária. O número doze para o contexto bíblico é simbólico é o número que exprime a ideia da perfeição; ele é encontrado em muitos lugares e situações do Antigo povo de Deus como do Novo povo Israel.

O autor do Livro do Apocalipse, ao descrever como será a Jerusalém messiânica, a Jerusalém futura, fala das suas doze portas que a cercam, com doze anjos que a vigiam e a guardam em segurança; dos doze apóstolos do Cordeiro que formam a totalidade do Novo Povo; traz a figura dos doze tipos de pedras preciosas que enfeitam os alicerces da muralha da cidade; das doze portas de pérolas, sendo cada porta feita de uma só pérola; das doze colheitas ao ano para indicar a abundância dos bens e da glória de Deus (cf. Ap 21,12-21).

Esta nova organização que todos desejamos, é a marca registrada da Nova Criação: é a organização a caminho do bem, da realização desse bem do povo em meio ao qual já não há infidelidade, nem corrupção, nem impureza, nem mentira, nem culto aos falsos deuses (cf. Ap 21, 8.27). Tudo isso foi derrotado! A fidelidade venceu pela abertura e a aceitação do propósito do Deus Salvador e Criador de todas as coisas (cf. Ap 12,17).

A todas essas coisas devemos e somos chamados a dar

forma concreta e histórica. É aqui que nasce a organização igualitária, irmanada, descrita na sua mais alta expressão. O objetivo da missão voltada para uma Nova Criação será alcançado quando a humanidade se abrir e concretizar essa vocação.

É a humanidade transformada, refeita, reconciliada consigo mesma, com os outros, com todo o cosmo e com Deus, Assim Deus, institui uma Nova Terra para um verdadeiro Céu.

### *3. Somos um povo renovado*

A cidade de Deus é uma noiva toda enfeitada para o seu marido, é a Nova Jerusalém, a Filha de Sião, imagem do povo de Deus, símbolo da mulher que lutou contra a morte e o dragão (cf. Ap 12,1-6). O seu esposo é o Cordeiro (Ap 21,9), o Cristo Jesus. Com a Nova Criação trazida pelo Cordeiro de Deus, a luta cessou, a serpente já não incomoda mais.

A noiva, o povo, a humanidade, se prepara para a união definitiva com Deus, para o casamento com o Cordeiro (cf. Ap 21,9), anunciado por Isaías: *O teu esposo será o teu Criador (Is 54,5).* É a festa final da caminhada! *Deus tudo em todos!*

A humanidade, na terra, se torna a morada do Criador que criou o céu e tudo o que nele existe, a terra e tudo o que nela existe, o mar e tudo o que nele existe; o mistério desse Deus Criador está consumado, conforme Ele anunciou aos seus servos e servas, os profetas (cf. Ap 10, 6-7). Se o céu desceu sobre a terra (Ap 21,2), Deus é a fonte da vida sobre esta terra, Ele é o princípio e o fim de tudo (Ap 21,6).

Na Nova Criação Deus terminará sua obra eliminando a noite, vencendo o último resto das trevas. Tudo será luz! É assim que Deus oferece o futuro que está em gestação no mistério escondido da história.

O Livro do Apocalipse testemunha a ação criadora de Deus que se estende desde cada pessoa individual ao mundo inteiro, à Nova Criação do cosmo, porque o Senhor diz: *Eis que faço novas todas as coisas.* (Ap 21,5).

## V. Considerações práticas

De tudo o que foi refletido e aprofundado, pode-se tirar algumas lições fundamentais para a nossa vida cristã. A primeira grande lição de aprendizado na fé, é a de que *a índole escatológica da Igreja peregrinanante* envolve a vida cristã na sua totalidade e na sua integridade: primeiro, na sua totalidade, no sentido de que ela integra todas as dimensões da vida humano-espiritual da existência como realidade criada por Deus; segundo, como integridade no sentido de expressar a inteireza da vida humana, enquanto projeto que sinaliza a completa e perfeita realização da pessoa, alimentada pela centralidade de sua relação íntima e profunda com a própria vida e com o Deus Trino.

A partir desta relação, as coisas do tempo presente passam a ter um sentido transitório, pois, a definição última de tudo o que se vive e se faz, cede espaço e lugar para um começo definitivo e eterno que não se esgotará jamais.

A segunda grande lição é a de tomar consciência de que tais realidades são imanentes, isto é, são inseparáveis das distintas dimensões da vida humana, e são operantes nas situações que vivemos e sofremos. A índole escatológica da Igreja peregrinante, se expressa, portanto, no seguinte:

- no chamado do Senhor para vivermos com Ele, participarmos de sua glória em santidade e justiça todos os dias da vida terrena;
- na doação do Corpo e do Sangue de Cristo, na forma velada de Memorial, como nutrimento da vida escatológica, em estado de passagem pela vida temporal, mas que já vive, agora em esperança, a plenitude salvadora. Daí o sentido da vida temporal;
- no êxtase - não no sentido de arrebatamento - que manifesta a capacidade de esperar o florescer da re-

alidade que está na origem de toda a criação, ao tomarmos consciência de que, a Nova Terra e o Novo Céu germinam como fator único de vida plena. A história humana não é ficcional e nem imaginativa, mas é História salvífica, que ainda, geme e sofre dores de parto, até chegar ao cume do propósito divino que faz Novas todas as coisas;

- na filiação divina que nos abre para o mistério todo da Encarnação, assumindo suas conseqüências salvíficas. Esse movimento de ascensão nos dá o sentido profundo e último da vida concreta que, ainda envolta em imagens e em sinais, cultiva, fortemente, o desejo de estar com Cristo;
- e, na certeza, dada pela fé, de participarmos das bodas com o Deus que salva criando todas as coisas antigas em novas pelo seu Filho, Jesus Cristo, o Senhor da vida. Desconhecer o dia e a hora, então, será superado pela presença atuante do Espírito do Senhor que nos afaga, nos acaricia e faz sentir sua pulsação dentro da nossa realidade terrestre, sem nunca jamais se esgotar nela.

Finalmente, saber - pela inteligência da fé e pela razão científica - que a doutrina bíblica da criação não tem motivações e interesses cosmológicos, mas sim teológicos e soteriológicos. Os escritos bíblicos querem dar testemunho da fé do povo na ação salvadora e criadora de Deus no mundo e para além do mundo, e querem louvar a esse Deus por seu cuidado com todas as criaturas.

A crise ecológica de sobrevivência, cada vez mais aflitiva e que está conferindo à doutrina da criação, em curto espaço de tempo, está avançando cada vez mais na atualidade. Há fortes indicações de que há um despertar da consciência humana para a obra criadora do Supremo Criador, sobretudo, após a celebração do Sínodo sobre a Amazônia.

Trata-se de ter uma atitude humana diante de todas as coisas criadas e uma concentração de comportamentos éticos no trato com elas, abertura para a interdisciplinaridade, parcerias da teologia com as outras ciências, um caminhar juntos exigido pela própria luta de consolidar e preservar os bens materiais e espirituais.

Cabe a todos nós, e não só à ética cristã, a tarefa de fundamentar a exigência de uma mudança radical de comportamento, sem a qual a superação da crise é inconcebível. Basta pensar na relação que há entre a construção do Reino no presente, que é já uma proposta escatológica de grande alcance pastoral.

O tempo presente nos interpela e nos impulsiona ao compromisso em todas as dimensões da nossa vida, seja no âmbito político, social, cultural, religioso e sobretudo de solidariedade para com as massas excluídas e deletadas do planeta-terra. Somos interpelados a ler, buscar compreender e apreender tudo aquilo que as pesquisas atuais estão publicando sobre as ciências da vida em todas as dimensões, é dever de toda a pessoa que procura viver a fé cristã e atenta aos sinais reveladores do Deus Criador que continua se revelando a todas as pessoas de boa vontade.

Por isso, afirma-se que já estamos vivendo a escatologia como eternidade "aqui" e "agora", no presente e no "ainda não" da nossa existência humana e cristã. Estamos vivendo como sementes do Reino que passam pela morte para frutificar. A construção do Reino e a Escatologia vêm juntos, pois tudo está finalizado e determinado pelo propósito salvífico do Pai, a sermos frutas suculentas e saborosas para o banquete do Fim dos tempos, no qual o Senhor Glorioso se aproximará de cada um de nós, para servir-nos as iguarias do céu, na eternidade.

## Bibliografia complementar

BOFF, Cl. Escatologia. Breve tratado teológico-pastoral. S. Paulo: Editora Ave Maria, 2012.

BOFF, L. O Evangelho do Cristo Cósmico. A realidade de um mito, Petrópolis: Vozes, 1971.

_____. O destino do homem e do mundo. Ensaio sobre a vocação humana, Petrópolis: Vozes, 1973.

BLANK, R. J., Escatologia do Mundo. O projeto cósmico de Deus - Escatologia II, S. Paulo: Paulus, 2001;

_____, Escatologia da pessoa. Vida, morte e ressurreição. Escatologia I, S. Paulo, Paulus, 2000.

BRIGT, J. História de Israel, S. Paulo: Paulinas, 1985.

BRUEGGEMANN, W. e WOLF, H. W., O dinamismo das Tradições do Antigo Testamento, S. Paulo: Paulinas, 1984.

PEÑA, de la J. L. R., La outra dimensión. Escatología cristiana, Santander: Sal-Terrae, 1986.

_____. Teologia da Criação, S. Paulo: Loyola, 1989.

ESSER, H-H., "Creazione", in Dizionario dei concetti biblici del Nuovo Testamento, Bologna: Dehoniane, 1991.

FROSINI, G., Aspettando l'Aurora, Bologna: Dehoniane, 1994.

MOLTMANN, J., Deus na criação. Doutrina ecológica da criação, Petrópolis: Vozes, 1993.

NEGRETTI, N-von RAD, G.- WESTERMANN, C. Gli inizi della nostra storia, Torino, 1974.

RAD von, G. La sapienza in Israele, Torino, 1975.

_____, Teología del Antíguo Testamento I. Salamanca, 1972.

SATLER, D., SCHNEIDER, T., "Doutrina da criação", in Manual de Dogmática. Volume 1, Petrópolis: Vozes, 2000.

SCHELKLE, K. H., Teología del Nuevo Testamento I, Barcelona, 1975.

SELIN-FOHRER. Introdução ao Antigo Testamento, vol, S. Paulo: Paulinas, 1983.

TRIGO, P. Criação e História, Petrópolis: Vozes, 1988.

# PARTE SEGUNDA

## Entendemos as coisas da terra através de sinais

### I. A Igreja escatológica do Vaticano II e seu desenvolvimento

Por muito tempo a escatologia foi colocada de lado pela reflexão teológica. A partir do fim do século XIX e do século XX, lentamente, reconquistou o direito de cidadania[1]. O movimento bíblico e a redescoberta da teologia da história no séc. XX, chamaram a atenção, novamente, para a imanência da perspectiva escatológica considerada na totalidade da mensagem cristã.

Contemporaneamente, um sentido profundo e amplo dado às realidades terrestres, colocavam o problema do destino das mesmas para além desta vida.

A linguagem empregada para falar destas realidades, abria-se para a transcendência do conhecimento sobre o

[1] Cf. ILLANES, J. L. SARANYANA, J. I., História de la Teología, Madrid: BAC, 1996, pp. 269ss; 363ss. No Concílio de Trento, por exemplo, o tema do purgatório foi o único a ser enfrentado (cf. DS 1820). Entre o Concílio de Trento e o Vaticano II, não se encontram outras intervenções ou estudos aprofundados que falem formalmente, da Escatologia ou de algum de seus desdobramentos conhecidos nos cursos de Teologia.

futuro do ser humano e de todas as coisas criadas[2]. Tomando consciência dessa mudança de perspectiva, o último Concílio quis consagrar, um capítulo inteiro da *Lumen gentium*, à doutrina escatológica, que explicita e interpreta a realidade atual do presente, à luz daquilo que há de vir.

O Vaticano II enfrenta a temática escatológica permanecendo fiel à orientação global que a guiou no desenvolvimento que se encontra em todos os seus documentos, a de ser um Concílio, eminentemente, de natureza pastoral. Nesta trajetória, deu atenção especial ao ser humano contemporâneo, às suas interrogações fundamentais, às suas ânsias e medos, para que os padres conciliares pudessem responder, à luz da fé, a todas estas questões afloradas em tempos de uma Igreja fechada ao mundo moderno que caminhava e avançava em todos os sentidos.

A mensagem de salvação devia chegar a toda a humanidade, como mensagem de esperança e de abertura ao Espírito que soprava em tantas direções. Este foco leva o Concílio a privilegiar a centralidade da história da salvação e a dimensão salvífica do cristianismo, que encontram sua culminância em Cristo, que realiza a ação salvífica do Pai.

Nesse contexto, tem sentido o aprofundamento e a amplitude da doutrina e das orientações pastorais do tratado de Escatologia proposto pelos padres do Concílio Vaticano II, em seu capítulo VII, que apresenta a índole escatológica da Igreja peregrina e de sua união com a Igreja celeste.

Os documentos deste Concílio apresentam a temática escatológica partindo de diversas perspectivas, sem dar singularmente, uma visão de conjunto, completa e até DE certo modo, exaustiva de cada uma. Cada uma dessas perspectivas, enriquece sua teologia levando em conta a

---

[2] Cf. VORGRIMLER, H., RAHNER, K. Experiência de Deus em sua vida e em seu pensamento, S. Paulo: Paulinas, 2006, pp. 392s.

globalidade da intenção, eminentemente, pastoral, que os padres tinham sobre a dimensão escatológica da mensagem cristã do Concílio, antes que dogmática[3].

Tal propósito, resulta na apresentação clara e de muitos modos, renovada, da escatologia cristã compreendida como alegre notícia, rica de esperança para o ser humano contemporâneo, uma visão da Igreja compreendida e assimilada como mistério, visão esta vivida em vista de seu cumprimento escatológico, e que, sobretudo, na liturgia, a Igreja antecipa o gozo, ou ainda, antegoza os frutos do mundo totalmente renovado. No âmbito dessa compreensão, as realidades escatológicas da nossa vida cristã, são apreendidas na sua peculiar expressão de sinais, imagens e de modo particular, no Grande Sinal da Eucaristia como Memorial

### *1. A memória se faz o Grande Sinal*

O significado de *sinal* aqui, no seu sentido estrito, como no seu sentido mais largo, no âmbito da teologia que aprofunda a índole escatológica da Igreja peregrina, se condensa, não só no seu significado bíblico, mas o ultrapassa. Primeiro, porque *o sinal* de que estamos falando se faz *Memorial.* E segundo, porque, com a celebração *do Memorial*, já é o começo da restauração[4] de tudo em Cristo

[3] Cf. BRANCATO, F., Verso il rinnovamento del trattato di escatologia. Studio di escatologia cattolica dal preconcilio a oggi, Bologna: Edizioni Studio Dominicano, p. 55, faz esta leitura: a LG trata da escatologia na perspectiva da eclesiologia e ao mesmo tempo contempla a Igreja como mistério na perspectiva escatológica, nos capítulos de I-VIII; a GS sublinha o aspecto antropológico da escatologia, particularmente, nos capítulos I-IV; a SC coloca o acento sobre o mistério pascal e a sua dimensão escatológica, sobretudo, no capítulo I; a DV privilegia o aspecto histórico salvífico da escatologia. Percebe-se assim, a olho nu, que o tratado da escatologia, perpassa os demais tratados da Teologia.

[4] Palavra empregada no sentido de inaugurar a nova criação em Cristo. Fazer das coisas antigas, coisas novas do Reino definitivo (cf. Rm 8,19).

(cf, At 3,21). Desse modo, atinge-se o sentido mais profundo e real da vida terrena, sentido que aponta para a plenitude.

A palavra vem empregada com a expressão *em sinais*, no contexto caracterizado pelo elemento constitutivo permanente da índole escatológica da Igreja. Coloca-se como advertência atenta e aberta para o completamento de um tempo *kairótico,* isto é, de graça inovadora, já presente, mas não totalmente desabrochado. É o tempo do encontro de Deus com a história de toda a criação[5].

No parágrafo que segue, temos com maior clareza, a atuação do Ressuscitado na vida histórica, concreta e espiritual do ser humano embrenhado nas coisas da vida e do mundo em meio ao qual dá testemunho de sua fé em germe que aponta para a plenitude de vida. O Cristo que ressuscitou, que enviou o Espírito Santo e que constituiu seu Corpo místico, que é a Igreja, continua caminhando conosco e nutrindo-nos com sua própria Corpo e Sangue.

> (48/129) Cristo, levantado da terra, atraiu todos a si (cf. Jo 12,32). Ressurgindo dos mortos (cf, Rm 6,9), enviou aos discípulos o seu Espírito, e por Ele constituiu seu Corpo, que é a Igreja Povo de Deus, como sacramento universal da salvação. Estando assentado à direita do Pai, opera continuamente no mundo para conduzir toda a humanidade à Igreja e por ela ligá-la mais estreitamente a si e fazê-la participante de sua vida gloriosa nutrindo-a com o próprio Corpo e Sangue. Por isso a prometida restauração que esperamos já começou em Cristo, é levada adiante na missão do Espírito Santo e por Ele continua na Igreja, na qual pela fé, somos instruídos também sobre o sentido da nossa vida temporal,

---

[5] Cf. GENNARI, G., "Segni dei tempi", in Nuovo Dizionario di Spiritualità. Roma, 1982, pp. 1400ss; assim como o verbete do autor GIUDICI, A., "Escatologia", in et alii, pp. 504-508.

> enquanto com esperança nos bens futuros, levamos a termo a obra entregue a nós no mundo, pelo Pai e realizamos a nossa salvação (cf. Fl 2,12-13).

O texto conciliar fundamenta os sinais que perfilam a índole escatológica da Igreja, afirmando que a nova criação já chegou. Dois são os sinais que apontam para a índole escatológica da Igreja. O primeiro é referente ao nutrimento da vida humana em todas as suas dimensões; e o segundo diz respeito à continuidade desse sustento ao longo da nossa vida temporal, dando-lhe sentido definitivo e fazendo-a anúncio da chegada de uma nova humanidade, pela celebração dos sacramentos. Destacamos a escatologia presente na celebração do Mistério Eucarístico.

Aqui os padres conciliares mostram o alto conceito da existência temporal, ligando a vida terrena à plenitude escatológica, ainda que de forma sacramental, velada, parcial, do Cristo presente em seu Memorial.

## *2. O Memorial do Senhor centro da vida*

O nosso enraizamento com Cristo pelo batismo, torna-se, particularmente, evidente no sacramento da Eucaristia como Memorial de Jesus Cristo nesta terra, em torno do qual gravita toda a nossa vida[6]. Sobre esse Memorial Jesus afirma a seus ouvintes na sinagoga de Cafarnaum:

> Eu sou o pão vivo descido do céu. Quem comer deste pão viverá eternamente. O pão que darei é a minha carne para a vida do mundo (Jo 6,51). Quem come a minha carne e bebe o meu sangue tem a vida eterna, e eu o ressuscitarei no último dia. ... aquele que de mim se alimenta viverá por mim. (Jo 6, 54. 57).

[6] Cf. MOLINARI, P. "Tendência escatológica da vida cristã", in BARAÙNA, G., A Igreja do Vaticano II, Petrópolis: Vozes, 1965, p. 1137.

Depois das palavras de Jesus, não há como desconhecer o pronunciamento dos Padres da Patrística que viveram, pregaram, e com seus escritos alimentam até hoje o povo do Senhor peregrino. Para citar um exemplo: o bispo de Lião[7], santo Irineu, do século II, fala da Eucaristia como penhor da Ressurreição.

A argumentação do bispo de Lião tem como eixo central de seus escritos a encarnação real de Cristo e a salvação da carne, a *salus carnis*, verdade rejeitada ou até mesmo modificada pelos gnósticos. Esses privilegiavam o conhecimento intelectual para chegar a Deus e a nossa sorte humana como fruto de tradições secretas e de revelações. Santo Irineu apresenta a realidade material da Eucaristia para explicar a realidade da encarnação de Jesus Cristo com palavras e expressões muito claras e concretas, como essa: (Na eucaristia Jesus Cristo é) *um verdadeiro homem feito de carne, de nervos, de ossos*[8].

---

[7] MANZANARES, C. V., Dizionario di Patristica. Città del Vaticano, 1995, pp. 112-113. Irineu nasce entre os anos 140 e 160, na Ásia Menor, talvez em Esmirna. Discípulo de Policarpo (bispo local), através dele se liga época apostólica. Foi enviado como presbítero à Igreja de Lião nos anos 177-178. Consagrado, sucessivamente, bispo, foi mediador na polêmica sobre a questão da Páscoa, surgido entre os bispos orientais e o papa Vitório. A intervenção de Irineu teve bom êxito. Prevalentemente é o teólogo mais notável do século II.

[8] Das múltiplas fontes, citamos apenas algumas de mais fácil acesso. IRINEU, "Do Tratado contra as heresias", Lib. 5,2, 2-3: SCh 153, 30-38,in Dicionário Patristico e de Antiguidades Cristãs, S. Paulo: Paulus, e Petrópolis: Vozes, 2002, pp. 716-717; L'Ora di lettura commentata dai padri della chiesa/4, Bologna: Dehoniane, 1976, pp. 224-225; Liturgia das Horas/II, segundo o Rito Romano, S. Paulo: Paulus, pp. 656-657. Nesta homilia, o bispo Irineu enfrenta a questão da realidade material da Eucaristia como Memorial, pela raiz: estabelece a reconciliação entre o mundo de Deus e o das realidades humanas no plano cultural. Partindo da criação, entre Deus e matéria não há, portanto, incompatibilidade no plano metafísico, como entre positivo e negativo ou como entre mal e bem. Deve-se, sim, evitar a identificação entre Deus e matéria, como também entre matéria e espírito. Se a matéria não fosse boa Deus não a teria assumido em seu Filho. É a conclusão a que chega Irineu. Talvez seja esta uma das grandes contribuições trazidas ao pensamento clássico cristão; e na história do cristianismo, poucos

Afirma ainda, com o apoio da Sagrada Escritura: *Nós somos membros do seu corpo (Ef 5,30), da sua carne e de seus ossos* (cf. Gn 2,23); não é de um homem espiritual e invisível que ele fala – *o espírito não tem carne nem ossos* (cf. Lc 24,39) - mas sim do organismo, verdadeiramente, humano, que consta de carne, nervos e ossos, que se nutre com o cálice de seu sangue e se robustece com o pão que é seu corpo[9].

Vivemos mais pelo Senhor, quando nos deixamos encher de seu dinamismo que irrompe do Espírito, quando nos deixamos invadir pela sua riqueza, pela serenidade e confiança, pela sua união profunda, com o Pai (cf. Jo 17, 21-23). Esse dinamismo cria uma tensão dialética, a de viver a vida escatológica e definitiva com Cristo[10], embora com os pés fincados na terra e no presente cheio de tentações e provocador do mal.

Contudo, o Memorial do Senhor glorioso, pode e deve se tornar fonte e raiz do ardente desejo pela vinda do Senhor, desejo que se manifesta na calorosa e repetida invocação das primeiras comunidades, quando celebravam o Memorial e suplicavam com fé: *Maranathá, Vem, Senhor Jesus!* Tal invocação ressoa incessantemente, no nosso contato direto com o Senhor, centralidade da nossa vida de fé.

É, pois, nesta equilibrada visão escatológica do nosso estar no mundo e do nosso continuado engajamento de fazer frutificar os talentos recebidos do Senhor, que valorizamos os

---

momentos foram tão felizes como esse, trazidos por Irineu, ao se pronunciar a partir da humanidade material de Cristo no seu Memorial.

[9] IRINEU, Liturgia das Horas/II, o. c., p. 656

[10] Cf. MOLINARI, P., "Tendência escatológica da Igreja", o. c., p. 1140, onde o autor reflete e aprofunda a característica mais forte da História da salvação: a de compreender o sentido último de todas as vicissitudes humanas e ao mesmo tempo viver o momento presente dessa História, com o ardor com que a fé no ressuscitado nos impele à construção do reino presente que aponta para o Reino escatológico.

bens terrestres ao nosso alcance. Desse modo, consagrados por Cristo e instaurados em Cristo[11], percebemos a presença vivificante do Espírito nas coisas do dia a dia, a partir das quais buscamos o sentido da vida no tempo.

### 3. O sentido da nossa vida temporal[12]

Esse sentido vem da nossa participação no Memorial do Senhor, que pela doação de sua vida, atraiu tudo a si (cf. Jo 12,32) para que cada um de nós se doe, às pessoas necessitadas. Nesse contexto podemos celebrar o Memorial do ressuscitado e colocar um fim entre judeus e gentios. Para nós, hoje, seria colocar fim entre ricos e empobrecidos, entre brancos e negros, entre os que se acham 'civilizados' e os povos indígenas.

Viver uma vida gloriosa que vem do Espírito do Ressuscitado, implica no compromisso cristão de acabar com as diferenças sociais, étnicas, culturais e religiosas. Deste modo, toda a comunidade humana, seja ela de fé ou não, vive *em sinal*, porque aponta para o fim bom da história humana.

*Viver em sinal*, é dar um sentido dinâmico à vida do dia-a-dia, como obra-prima da ação redentora de Cristo. Esta ação redentora consiste em anunciar aos povos todos, que somos vivos no Cristo Glorioso. E consiste ainda e em acolher toda a humanidade que se caminha na direção da vida plenificada do Ressuscitado e se coloca em torno d'Ele.

Em primeiro lugar, o fazemos na ausculta da palavra que manifesta a vontade do Pai, através de Jesus Cristo, para vivermos como um só rebanho, tendo um único pastor (cf. Jo 10,16). E depois, pelo testemunho de na

---

[11] Cf. Ibid., p. 1143.

[12] Cf. artigo da autora, já citado na parte primeira, in Atualidade Teológica, fasc. 13, (2003), pp. 9-31.

figura de sermos tabernáculo vivo de Deus, transcendendo a realidade histórica para viver a existência cristã presente no sinal do *éschaton*.

Finalmente, abrir nossa existência ao povo da Jerusalém celeste[13]. Foi para esta finalidade que Deus constituiu Cristo princípio da salvação para o mundo inteiro. Dar sentido à nossa vida temporal é, conhecer e viver a obra-prima da ação redentora de Cristo, com sua finalidade última que nos dá a ótica sobrenatural e definitiva da Igreja como povo peregrinante. Esta vida se encontra como que em germe de valor único de unidade, de esperança e de salvação no povo de Deus, sempre que estiver aberta e em dinâmica solidariedade que nos aproxima da humanidade mais sofrida e excluída dos bens terrestres que apontam para os bens celestes.

É assim que age o Espírito Santo no meio de seu povo: dando impulso vital, abrindo o tesouro da graça que jorra de Cristo, enquanto comunicação viva de sua glória que prepara, reforça e confirma a glorificação definitiva da humanidade em caminho. Pelo batismo morremos com Cristo para ressurgir com Ele. Pela confirmação caracterizamos a nossa identidade cristã, pela participação no Memorial do Senhor.

Desse modo atingimos a maturidade escatológica que se dá através do Espírito de Cristo. Toda a pessoa que aceita Cristo na sua vida, com todo o seu mistério salvífico de doação e entrega total ao Pai, pela salvação

---

[13] Cf. CAMILLERI, N., "Natura escatologica della Chiesa peregrinante", in Costituzione Dogmatica della chiesa, o. c., pp. 871-874: a promessa restauradora que esperamos, já começou com Cristo. É levada adiante com o envio do Espírito Santo e por meio dele continua na Igreja: nela somos instruídos pela fé, também, sobre o sentido da nossa vida temporal, com a qual levamos a termo, na esperança dos bens futuros,a obra a nós confiada no mundo pelo Pai (cf. Fl 2,12).

da humanidade inteira, amadurece para o convívio com Ele, através do Espírito e de forma antecipada, torna-se participante da vida gloriosa e eterna, da qual Ele já goza no céu, após a sua Ressurreição e Ascensão. Esta glória passou antes pelo mistério pascal, condição necessária, segundo o propósito de Deus Pai, para a redenção de toda a humanidade.

Tal obra exige de cada membro da Igreja que vive *em sinal escatológico*, a busca de completar a assunção da vida temporal, a abertura da consciência em captar o sentido dessa vida à transcendência das coisas criadas na sua condição humana e itinerante. Esse processo vai se tornando *corpo* de Deus que nos diviniza pela encarnação.

A tensão escatológica que se cria nessa experiência de vida temporal, não leva a evadir-se ou alienar-se de tal realidade, mas motiva para um desempenho histórico que reconcilia o que é contraditório em si mesmo e para os outros e se solidariza de braços abertos para atender às necessidades básicas e fundamentais de cada ser humano e de cada comunidade humana em caminho ou em estado de carência.

O fato de que as comunidades cristãs vivam em comunhão de vida e de compromisso histórico com o propósito de Deus, não é secundário; este fato quer ser uma resposta à própria consciência que a comunidade tem, como comunidade chamada a estar nas realidades penúltimas da terra para construir uma sociedade que tenha em vista as realidades últimas da vida humana[14].

Viver o carisma escatológico que nos é doado no batismo, sancionado pelo sacramento da confirmação, nutrido e sustentado pelo Memorial da Eucaristia, não é então uma *fuga-mundi*, mas antes uma prática e uma presença no

---

[14] Cf. GABÁS, R., "Ya comenzó la restauración de todas las cosas in Cristo", in Comentário a la Constitución,sobre la Iglesia Madrid, 1974, p. 907.

coração da vida temporal que constrói o Reino, que já está no meio de nós (cf. Lc 17, 20-21). Trata-se de viver o carisma escatológico na vida ativa de caridade: esta remete à vida contemplativa, que refontiza e aprofunda a eficácia da atividade apostólica de toda a Igreja peregrina e itinerante.

Se o essencial para a vida cristã é a caridade que mede o grau de santidade e perfeição, é esse processo que abre a pessoa à experiência mística, isto é, a de ver o mundo à luz da ressurreição de Cristo, a de crer no poder da nova criação[15], a de responder profeticamente, em comunidade celebrante, aos apelos da nossa vida temporal, robustecida pela vida doada no Grande Sinal da Eucaristia. Aqui se encontra o sentido mais forte e dinâmico do nosso existir e da nossa vida temporal.

A teologia que se desenvolveu em torno ao sacramento da Eucaristia, como centro de toda a nossa vida de fé e de compromisso concreto do Reino, voltou sua atenção às narrativas de instituição, do Novo Testamento, juntamente com as recentes pesquisas da exegese contemporânea que se debruçam sobre o sentido mais originário e intencional que Jesus teve ao instituir o Grande Sacramento.

## II. O sentido último do Memorial

Esse sentido é encontrado na nova vida trazida pelo Senhor glorioso, porque ressuscitado e, definitivamente, vivo. Essa presença do Senhor Vivo é o modo como Ele se dá na celebração do Memorial como Ação de Graças, mais conhecido como Eucaristia. O homem que venceu a morte está vivo em sua vida plena e escatológica[16]. Quer

---

[15] Cf. LA PEÑA, J. L. Teologia da criação. S. Paulo: Loyola, 1989, pp. 104ss.

[16] Cf. BOFF, Lina, "A dimensão escatológica da eucaristia", capítulo do livro intitulado: Sacramentos e Evangelização, org. por COSTA, P. C., S. Paulo: Loyola, 2004, pp. 161-179. Para toda esta parte atualizamos e revimos o capítulo citado em suas respectivas páginas.

dizer, o ressuscitado se aproxima de nós através de um gesto simbólico e genial, que é dar-se a si mesmo como alimento para levar-nos à comunhão de vida plena em Deus.

Cristo ressuscitado, na Eucaristia, apodera-se do pão e do vinho e os incorpora á sua própria realidade constituída como corpo, alma gloriosos, plenamente tomados pelo sentido último da vida humana plasmada para desabrochar plenamente no ressuscitado como Enviado do Pai, pela força do Espírito Santo.

A Eucaristia como ato, definitivamente escatológico, que irrompe da vida toda de Jesus, vida doada para reconciliar a humanidade com o Pai, absorve o conceito de dimensão escatológica do sacramento para fazer deste, o Memorial[17] do novo povo de Deus que somos todos nós. A Eucaristia toda é escatológica, não só uma dimensão dela.

### *1. Alguns acenos histórico-bíblicos*

Há uma tendência da exegese que interpreta a última ceia de Jesus como sendo nitidamente escatológica. Há também uma interpretação de que a comunidade primitiva, inicialmente, entrou num processo de compreender e interpretar os atos e os gestos de Jesus com a finalidade de reconstruir, de maneira mais originária e fontal, todas as palavras pronunciadas por Ele com relação à instituição da Eucaristia.

O que se sabe e o que se celebra é o que encontramos, sobretudo, no Novo Testamento. Por isso, nos evangelhos encontramos, numa unidade difícil de separação, história e teologia, relato e profissão de fé, narrativa e tese dogmática[18]. À luz da ressurreição tornou-se inteligível a doação de Jesus

---

[17] Mais adiante, será apresentado o sentido mais profundo e completo da origem desta palavra.

[18] Cf. BOFF, L., Paixão de Cristo Paixão do Mundo. Os fatos, as interpretações e o significado ontem e hoje, Petrópolis, Vozes, 1977, p., 15ss.

e tudo o que Ele fez junto a seu povo e a todos os que d'Ele se aproximavam, indistintamente.

Cabe aqui perguntar-se qual o sentido que Jesus dava às refeições que fazia com os pecadores e os publicanos. O que representava para Ele o gesto de comer com essas pessoas e ter ceia com elas. Que significado tinha a ceia para Jesus.

Antes, porém, cabe lembrar, o sentido que a cultura religiosa hebraica dava às refeições preparadas e realizadas como encontro de pessoas o qual ultrapassava o significado simplesmente humano para indicar um sentido mais profundo e uma compreensão escatológico-messiânica.

### *2. O sentido sagrado das refeições para Israel*

Sempre e em toda parte a refeição foi símbolo de encontro, de comunhão e de união. No Antigo Testamento as festas e os sacrifícios são associados com as refeições cultuais e podem ter o significado também de expressões como, "comer e alegrar-se junto e ao lado de Javé". Assim escreve o autor sagrado no Código do Deuteronômio:

> Buscareis Javé no lugar escolhido por Ele e levareis para lá vossos holocaustos e sacrifícios ... E comereis lá, diante de Javé vosso Deus, alegrando-vos com todo o empreendimento da vossa mão, vós e vossas famílias, com o que Javé teu Deus te houver abençoado ( Dt 12, 5-7).

Outra narrativa com esse significado a encontramos na conclusão da aliança que Deus faz com seu povo, aliança legitimada, no Sinai, com um banquete cultual dos anciãos com Javé:

> Moisés, Aarão, Nadab, Abiu e os setenta anciãos de Israel subiram. Eles viram o Deus de Israel. Debai-

> xo de seus pés havia como um pavilhão de safira, tão pura como o próprio céu. Ele não estendeu a mão sobre os notáveis filhos de Israel. Eles contemplaram a Deus e depois comeram e beberam (Êx 24, 9-11).

A refeição pascal também era uma refeição de toda a comunidade de Israel[19], como narra o segundo Livro das Crônicas:

> 2Cr 30, 1-2: Ezequias enviou mensageiros para todo o Israel e Judá; escreveu também cartas a Efraim e Manassés para convidá-los a vir ao Templo de Javé, em Jerusalém, celebrar uma páscoa em honra de Javé, Deus de Israel. O rei e seus oficiais, toda a Assembleia de Jerusalém tinha resolvido celebrá-la no segundo mês... (2Cr 30, 1-2)

A importância das refeições para o povo de Israel era dada pela sua vida de fé, que passava pela união de Israel com seu Deus e com a comunidade e o anúncio dos bens escatológicos messiânicos. Jesus entra nessa tradição e é nessa fé que dá uma compreensão sagrada, cúltica e escatológica a toda refeição feita em comunidade.

Em algumas ocasiões, as refeições sagradas dos judeus, mesmo antes de Jesus, já apresentavam uma "coloração escatológica". Eram refeições cheias de esperança messiânica a qual se expressava na alegria e na festa que o povo de Israel preparava e realizava para celebrar acontecimentos importantes da sua história como povo de Deus.

Ao celebrar esses acontecimentos históricos, os judeus davam-lhes um sentido escatológico e messiânico, o que

[19] Ezequias enviou mensageiros para todo o Israel e Judá; escreveu também cartas a Efraim e Manassés para convidá-los a vir ao Templo de Javé, em Jerusalém, celebrar uma páscoa em honra de Javé, Deus de Israel. O rei e seus oficiais, toda a Assembléia de Jerusalém tinha resolvido celebrá-la no segundo mês...

ajuda a entender, de certo modo, a linguagem que está na base da ceia judaica. E não só, mas que está na base da última ceia preparada e realizada por Jesus com seus discípulos, antes de sua paixão e morte.

### *3. O significado das refeições que Jesus fazia*

Quando Jesus sentava à mesa para comer com as pessoas que o convidavam ou Ele mesmo se dava em convite às pessoas ou famílias, como no caso de Zaqueu (Lc 19, 1-10), só para citar um exemplo, Jesus dava a estas refeições um sentido de reconciliação da humanidade com Deus. Jesus come na mesma mesa com os publicanos e os pecadores, não só para simbolizar a reconciliação de Deus com a humanidade, mas encontrar as pessoas, conviver com elas no tempo presente e, a partir de seus ensinamentos, fazê-las entrar do tempo para a eternidade.

Por isso, as refeições de Jesus com os pecadores e os publicanos e com todas as outras categorias de pessoas que viviam à margem da sociedade daquele tempo, tinham um significado de salvação que libertava, uma força soteriológica fundamental que indicava a ação salvífica do Pai mediante a obra d'Ele, como Filho enviado que atua pelo Espírito Santo.

Com isso Jesus quer afirmar o triunfo final de todos os gestos humanos da nova criação que está chegando nos sinais do reino de Deus sobre os gestos da destruição e da morte. Pois, a reconciliação salvadora de Deus não descansa no mistério, mas naquilo que se experimenta no dia-a-dia da nossa vida. É esta estrutura vétero testamentária que mais tarde remete à eucaristia como memorial do sacrifício da cruz e plasma uma linguagem própria de culto e de doação.

As refeições de Jesus portanto, constituem um sinal dessa reconciliação, um sinal da vinda do reinado de Deus, porque sua finalidade intrínseca aponta para além da simples refeição humana como encontro, como comensalidade e aproximação com as pessoas. A refeição de Jesus integra todas as gerações na misericordiosa ação de Deus para com sua criatura.

## III. Qual a intenção de Jesus ao fazer a Última Ceia

Dentre as muitas vezes que Jesus comeu com todas as categorias de pessoas de seu tempo, fez a última ceia que teve várias interpretações ao longo da história, sobretudo, a partir da ressurreição, Jesus anuncia que vai dar-se a si mesmo de forma real e viva a cada um de nós e a todos e todas. Não só, mas também doar-se por todos aqueles que hão de crer n'Ele (Jo 17,20) por meio do anúncio do mistério da verdade salvífica do Pai plenificada nessa doação total de Jesus.

A intenção d'Ele era a de deixar um sinal que ultrapassasse a própria realidade deste mundo que nos cerca, para que essa realidade se transformasse n'Ele mesmo, o Jesus vivo e real, com seu corpo e com seu sangue, ressuscitado, transformado em corpo glorioso e dado como alimento de vida eterna para todos e para todas.

As refeições de Jesus com os publicanos e os desprezados, como no caso das parábolas da misericórdia em (Lc 15,1s)[20] e no episódio de Zaqueu em (Lc 19,5s)[21], são ações de valor querigmático, uma verificação da palavra de perdão de Jesus. As refeições em comum do Jesus terreno com as pessoas de seu tempo, como as refeições do Ressuscitado com os discípulos, representam momentos que se ligam com os

---

[20] Trata-se, aqui, das três parábolas da misericórdia: a da ovelha perdida, a da moeda encontrada e a Parábola do filho pródigo.

[21] A narrativa citada no texto apresenta Jesus como aquele que toma a iniciativa de encontrar-se e sentar à mesa com Zaqueu.

motivos fundamentais da última ceia de Jesus. A celebração regular da ceia, na comunidade primitiva, nasceu de todo essc complexo.

A ceia do Senhor, na comunidade pascal, tinha um componente, fortemente, escatológico (Mc 14,25), o que se verá adiante; todavia, o olhar retrospectivo à morte de Jesus (Mc 14, 22-24) é parte constitutiva da ceia na sua forma mais antiga. Nesse quadro de interpretação seu corpo doado torna-se comida eterna, que comendo dela ninguém mais sentirá fome; e o seu sangue derramado, torna-se bebida escatológica que dá vida plena a todos os que aceitam a vida e a *gesta* de Jesus durante sua passagem por este mundo fazendo bem todas as coisas.

Jesus se dispôs a doar sua vida por nós até à própria morte, porque Ele pregou o Reino de Deus fazendo o bem a todos e este Reino só poderia vir através da doação total de sua vida. A culminância dos fatos históricos vividos por Ele durante sua pregação e vida pública apontavam para um fim trágico de sua vida. Mas a confiança que Ele tinha no Pai e no seu projeto de reconciliação com a humanidade toda, davam-lhe a certeza de que, com o sacrifício de sua vida, o Reino por Ele pregado chegasse à plenitude.

O mistério de sua caminhada terrena, sua vida, paixão, morte e ressurreição, são o coroamento da vida plena que se dá com o envio do Consolador e da Nova Vida, no Espírito sobre toda a carne (cf. At 2,17). Os fatos narrados pelas primeiras comunidades cristãs, sobretudo nos sinóticos, apontam, com certa força de expressão e de sentido, que a intenção de Jesus, com sua morte, era realmente, trazer a irrupção do Reino. Este fato, porém, não se deu como fora a intenção de Jesus e do jeito como os discípulos esperavam a irrupção do Reino. O que veio com a ressurreição foi o Jesus Vivo, que com esse evento, a última ceia passa a ser compreendida como Eucaristia ou ato de Ação de Graças pela vinda do Filho de Deus encarnado como nós.

O primeiro a fazer da ceia feita com os Doze sua Última Ceia, fazendo dela uma liturgia viva e de eficácia sacramental foi o próprio Jesus. Ele relaciona de modo único sua morte sacrificial na cruz com a doação sacramental do pão e do vinho. Isso tudo não se entende sem uma relação histórica com a vontade de Jesus: com o que Ele fez e disse na ceia de despedida, ainda mesmo que não se possa conhecer o conteúdo exato de suas palavras.

Pois, tudo isso chegou até nós através dos escritos de pessoas e comunidades que viveram a experiência da ressurreição de maneira mais próxima de Jesus. Por esse motivo estavam mais ligadas à intenção fundamental de Jesus, quando este realizou sua última ceia com os amigos. Segundo os relatos do Novo Testamento, os elementos da natureza representados pelo pão e pelo vinho, guardam íntima relação com a doação total da vida toda de Jesus para reconciliar a humanidade com Deus.

O cálice da eucaristia tem íntima relação com o cálice que foi oferecido a Jesus no horto das Oliveiras, significando o sofrimento pelo qual Jesus devia passar. O corpo representado pelo pão partido, passa a significar a tortura e o martírio assumidos por Jesus ao ser entregue ao poder das trevas.

### *1. Como os discípulos interpretam essa intenção de Jesus*

Encontramos esta interpretação no significado das palavras que formam os relatos da instituição, isto é, da criação da eucaristia como sacramento-sinal. Com efeito, a interpretação que temos hoje, não depende somente da intenção de Jesus, se é que podemos chegar a conhecê-la, mas também das concepções dos discípulos que funcionaram como caixa de ressonância das palavras de Jesus. Tendo estabelecido isso, pode-se falar das diferentes interpretações dadas à última ceia feita por Jesus com seus discípulos, junto com as comunidades que viveram mais próximas a Ele, como também pelas comunidades do tempo mais tardio, como a comunidade de João, sobretudo.

A ceia do Senhor, na comunidade primitiva, não é, simplesmente, o prosseguimento das refeições cotidianas dos discípulos com o Jesus terreno; porém, entram no contexto das narrativas das refeições em comum de Jesus, não só com os discípulos, mas com os publicanos e os pecadores. Mais ainda, com a pessoas curadas e que se sentiam próximas de Deus porque Jesus lhes trouxera a misericórdia do Pai e o perdão dos pecados com sua obra e sua palavra.

O papa João Paulo II, em sua Carta encíclica *Ecclesia de Eucharistia*, levanta a seguinte pergunta:

> Teriam os Apóstolos, que tomaram parte na Última Ceia, entendido o significado das palavras saídas dos lábios de Cristo? Talvez não. Aquelas palavras seriam esclarecidas plenamente só no fim do *Triduum Sacrum*, ou seja, aquele período de tempo que vai da tarde de Quinta-feira Santa até a manhã do Domingo de Páscoa. Nestes dias, está contido o *mysterium paschale;* neles está incluído também o *mysterium eucharisticum* [22].

A partir da ressurreição os discípulos passaram a ligar a celebração que faziam em suas casas, com a ressurreição de Jesus que havia passado sua vida pregando o Reino e dando esperança a todos de que a vida temporal termina com vida plena e definitiva como o própria Jesus havia ensinado. Cada

[22] JOÃO PAULO II, Carta Encíclia Ecclesia de Eucharistia, S. Paulo: Paulinas, 2003, artigo 2, parágrafo 2º.

comunidade fazia essa celebração segundo o seu contexto e sua tradição.

### *2. Os discípulos ligam a Ressurreição ao Memorial doméstico*

Com a ressurreição o sentido originário e fontal da última ceia toma um significado específico, único na celebração da eucaristia que se torna sinal e sacramento ao mesmo tempo: este ultrapassa o sentido do tempo presente, resgata o passado para integrar tudo na direção do futuro definitivo. Tanto que, o elo que une a eucaristia como ceia e sacramento é a Ressurreição. Jesus vivo e presente na Eucaristia como ressuscitado que a comunidade celebra quando se reúne, celebra e torna presente a presença de Jesus como realidade mesmo. A celebração eucarística supera o símbolo para se tornar realidade.

A ceia que era sinal de reconciliação passa a ser realidade da presença de Jesus vivo, ressuscitado, glorioso e Senhor da vida em plenitude. O sinal é superado pela realidade. O símbolo é absorvido pela verdade verdadeira.

Por isso, as refeições feitas por Jesus, durante sua vida terrena, sinalizam, apontam, preparam a ceia nitidamente escatológica, ceia da presença real de Jesus vivo e ressuscitado, glorioso e Senhor. Na celebração desse memorial a assembléia aclama com fé a ligação da ressurreição com a eucaristia:

> Anunciamos, Senhor a vossa morte e proclamamos a vossa ressurreição, enquanto esperamos a vossa vinda.

E são João Paulo II assim afirma em sua encíclica sobre a Eucaristia:

> Com efeito, o sacrifício eucarístico torna presente não só o mistério da paixão e morte do Salvador, mas também o mistério da ressurreição, que dá ao sacrifício a sua coroação. Por estar vivo e ressuscitado é que Cristo pode tornar-se *pão da vida* (Jo 6,35.48), *pão vivo* (Jo 6,51), na Eucaristia[23].

Na teologia de Lucas fala-se que a comunidade dos fiéis celebra o *Vivente*. Segundo exegetas, o "vivente" não significa um que está ainda em vida, mas que é a vida mesma. É aquele que entrou num mundo que é o mundo de Deus, o "vivente" por essência[24], de acordo com a tradição bíblica (cf. Dt 5,26; Ez 5,11). O Ressuscitado é aquele que vive a mesma vida do Deus vivo e está presente em meio a seu povo pela Eucaristia, de um modo singular e único, pois Ele é o Ressuscitado de Deus.

### *3. Reinterpretam os relatos mais antigos*

Os relatos de instituição da última ceia, na Primeira Carta de Paulo aos Coríntios e na tradição sinótica, considerados pela maioria dos exegetas como os mais antigos, enfatizam a doação de Jesus em seu corpo e em seu sangue. Nós temos que explicar esse corpo como vida que Jesus doa, dá gratuitamente, para toda a humanidade. Quando o relato nos fala do sangue que será entregue por vós, Jesus quer dizer aqui, que Ele dá o seu sofrimento, a traição que sofreu, os enganos que lhe foram feitos, as armadilhas que conscientemente lhe foram impostas e organizadas para apanhá-lo em flagrantes sempre premeditados e programados.

---

[23] JOÃO PAULO II. Carta encíclica De Eucharistia, S. Paulo: Paulinas, 2003, artigo 14, parágrafo 1º.

[24] Cf. BOFF, Lina. Espírito e Missão na obra de Lucas-Atos. Para uma teologia do Espírito, S. Paulo: Paulinas, 2003, p., 87.

Para além do argumento dos relatos da instituição da Eucaristia, na sua versão histórica, está a vontade positiva de Jesus que quer ficar conosco de forma única e original, tal como foi captada pela comunidade. Este é um dado histórico e teológico que não pode ser obscurecido. *A Eucaristia é verdadeiro banquete,* onde Cristo se oferece como alimento.

A primeira vez que Jesus anunciou este alimento, os ouvintes ficaram perplexos e desorientados, obrigando o mestre a insistir na dimensão real das suas palavras: "Em verdade, em verdade vos digo: se não comerdes a carne do Filho do Homem e não beberdes o seu sangue, não tereis a vida em vós (Jo 6,53) Não se trata de alimento em sentido metafórico, mas trata-se de, "a minha carne é, em verdade, uma comida, e o meu sangue é, uma bebida" (Jo 6,55)[25].

A seguir cabe fazer um lembrete que leve em séria consideração algumas perguntas que ajudem a aprofundar a nossa compreensão do núcleo sacramental da nossa fé. Cabe, por exemplo, perguntar-se sobre a questão de como Jesus concebia a ceia, e com muita atenção sua última ceia.

Que significado tinha para Ele a ceia que fazia com os pecadores? Como a Igreja interpretou, ao longo da história, o sentido dado por Jesus à última ceia? Hoje, como resgatamos aquilo que Jesus imaginava que fosse e não foi? Em que sentido a Igreja dos nossos dias imita a simplicidade com que Jesus instituiu a Eucaristia na última ceia e como se faz presente, hoje, a mesma intenção que Ele teve ao criá-la?

Os relatos que seguem poderão acenar a algumas respostas a tais perguntas que acabamos de nos fazer.

---

[25] Carta encíclica, o. c., artigo 16, parágrafo único.

### *4. Tornam significativos o fim último desses relatos*[26]

Os textos que falam dos relatos mais antigos da Eucaristia, encontrados no Novo Testamento, têm a interpretação das primeiras comunidades que foram testemunhas diretas ou indiretas desta revelação do Senhor.

São narrativas conhecidas, mas serão vistas e aprofundadas à luz do Cristo da fé, que ressuscitou e quis ficar conosco com seu Espírito, caminhando na estrada de sua Igreja peregrina. A escatologia que irrompe de tais narrativas -relatos, das comunidades de fé que nos precederam, são conhecidos, mas tornam-se grandes porque falam da volta do Senhor a nós, ultrapassando o tempo e o espaço que nos limitam. A interpretação dada por essas comunidades de fé, são assumidas por nós, como verdade de fé, pois esta é a tradição eclesial e apostólica. Temos então:

### *5. O relato de Paulo à comunidade de Corinto (Cor 11, 23-25)*

Esse é considerado o mais antigo ao lado do relato de Lucas 22, 14-23, os quais pertencem à tradição antioquena, segundo alguns exegetas. Em 1Cor 11, 17-34, Paulo coloca em evidência um pedido ardente de Jesus, pouco antes de sua paixão e morte.

Sobre a celebração da Ceia do Senhor, que já era costume fazê-lo, naquela comunidade, o apóstolo louva as várias normas observadas por seus membros. Mas não louva

---

[26] ALDAZÁBAL, J., A Eucaristia, Petrópolis: Vozes, 2002, p., 58. Ver também BOFF, L., Paixão de Cristo Paixão do Mundo. Os fatos, as interpretações e o significado ontem e hoje, Petrópolis: Vozes, 1977, p., 71. Os quatro textos foram agrupados em dois formando assim a chamada tradição antioquena constituída dos relatos de 1Cor e Lc; e a tradição marciana dos relatos de Mt e Mc. Os textos de Mc e de Lc não possuem nenhuma conexão orgânica com a vida da Igreja, mas somente com Jesus. E é até de estranhar que nos foram conservados sem interpretação teológica da comunidade primitiva, o que leva a crer, com muita certeza, de que esta "mens" escatológica de Jesus, possui um fundo histórico, em parte, respeitado pelos primeiros teólogos cristãos.

o modo como se comportam quando se reúnem para celebrar a Ceia do Senhor. Depois de transmitir à comunidade aquilo que ele recebeu do Senhor, mostra qual a norma fundamental desta celebração: o amor e a comunhão entre os membros, é a norma que fundamenta esta reunião dos fiéis. Trata-se, portanto, de celebrar as realidades que ainda esperamos com a vida do Senhor que nos deixou esse testamento de sua doação completa. Por isso, Paulo conclui sua carta de recomendações de bom comportamento, com esta frase:

> Todas as vezes, pois, que comeis desse pão e bebeis desse vinho, anunciais a morte do Senhor até que Ele venha (v.26)[27].

A concepção da Segunda vinda do Senhor, segundo Paulo, se encontra bem mais elaborada nas suas mais antigas Cartas escritas ao Tessalonicenses, das quais se originou toda a teologia sobre a conhecida "parusia", que é a segunda vinda de Cristo. A palavra "parusia" em grego, significa ao mesmo tempo P*resença* e *Vinda.* É o elemento prioritário da escatologia, não somente em ordem ao tempo, mas também por estar intimamente ligada à natureza de Deus que se revelou e se revela como *Aque'Ele que é, que era e que vem, o Onipotente* (Ap 1,8). Cristo é o Alfa e o Ômega do tempo, da humanidade, da criação toda. Esta palavra é usada freqüentemente em todo o Novo Testamento, é uma espera feita com amor e é uma palavra que reassume toda a esperança do povo do Novo Testamento, do qual nós somos o prolongamento.

---

[27] Percebe-se uma tensão de futuro para a escatologia: o anúncio da morte do Senhor é declarar o início da criação que vai mudar toda a ordem das coisas deste mundo em função da vida definitiva em Deus, quando Ele vier.

As palavras como, *epifania, apocalipse, manifestação, Dia do Senhor* - em substituição ao *Dia de Javé* do AT - são têrmos que mudam de nome, mas a substância permanece a mesma. O evento da "parusia" é o núcleo gerador de todos os acontecimentos que o acompanham, pois trará consigo a ressurreição dos corpos, a transformação do cosmo, o juízo último sobre a história. Todos estes elementos serão colocados no seu lugar para formar o grandioso mosaico que Deus pensou e criou desde toda a eternidade.

Colocada na linha da Encarnação, a Segunda Vinda de Jesus na terra deve ser vista como completamento da obra da salvação agora somente iniciada. É o Dia da Vitória, o dia do triunfo, o tempo de prestar contas. Por isso os cristãos são chamados a olhar a Segunda Vinda de frente, olhar seu rosto, olhar com olhos de serenidade e de simpatia. Não é um *dies irae,* mas um dia de alegria, de plenitude, de explosão incontida e indizível da primavera eterna.

A Igreja aguarda, espera a Segunda Vinda em pé, como as sentinelas da aurora, como as virgens sábias que vigiam à noite com suas lâmpadas acesas. E a Igreja prega com impaciência: Vem, Senhor Jesus! *Maraná-tha* (Ap 22,17). Uma revisão de vida se impõe. Passos em falso foram dados ao longo do caminho. Urge retomar o caminho do Senhor! O tempo litúrgico do Advento atualiza esta espiritualidade que deve ser resgatada.

Os cristãos, homens e mulheres, estão seguros de sua ressurreição em corpo e alma gloriosos e que vão encontrar-se junto com Jesus e de todos os seus discípulos e discípulas que o seguiram nesta terra, com o fim de viver para sempre com Ele.

Mas para chegarmos a este glorioso momento, é preciso exercitar a paciência até que o Senhor venha! Tiago, irmão do Senhor, em sua Carta, nos dá o exemplo do lavrador que espera o precioso fruto da terra, aguardando por ele pacientemente, até que venham as chuvas, isto é, o tempo de colher os frutos maduros, sazonados (cf. Tg 5,7). Assim é a nossa espera pela vinda do Senhor. Por este motivo a Carta de Tiago faz algumas recomendações que devem ser levadas em conta no nosso dia-a-dia de mulheres e homens comprometidos com a construção do Reino que vem.

O apóstolo pede que não sejamos murmuradores uns dos outros; que não nos demos o direito de julgar as pessoas, pois na medida em que julgarmos, seremos também julgados. Faz um lembrete importante, nos lembra o sofrimento dos profetas que falaram em nome do Senhor (cf. Tg 5,9).

Cita, explicitamente, a figura de Jô, com a virtude da paciência que ele teve durante as provações que Deus lhe enviou; e de como chegou ao fim entregando-se ao Senhor da Vida, não porque ouviu falar deste Poderoso Senhor e Deus, mas porque O conheceu na provação. *Conhecia-te só de ouvido, mas agora viram-te os meus olhos/.../* (Jó, 42,5).

A Segunda Vinda do Senhor, portanto, deve ser preparada com a paciência de Jó e a espera longânime do lavrador do campo, que aguarda esperançoso a colheita, apresentada pelo apóstolo Tiago. Este é o espírito do tempo litúrgico do Advento.

Por isso, os textos que caracterizam este tempo exprimem a tensão aguda entre a alegria da vinda de Jesus no Natal, no Mistério da Encarnação, e na espera da manifestação gloriosa do Senhor no fim dos tempos – na parusia. Ao unir a esperança messiânica e a vinda gloriosa de Cristo com a presença de Maria, o espírito do Advento impede qualquer tendência de separar o culto à Virgem do seu ponto central, que é Cristo.

A escatologia presente neste relato, é proclamada, diariamente, após o convite do celebrante a todos os fiéis participantes do Sacrifício Eucarístico:

> Eis o mistério da fé! Anunciamos, Senhor a vossa morte e proclamamos a vossa ressurreição. Vinde, Senhor Jesus!

### *6. O relato de Lucas (Lc 22, 14-23)*

Nesse relato o evangelista coloca em evidência, o desejo de vida plena que Jesus tem em vista da realização do Projeto salvífico do Pai confiado a Ele. O desejo de Jesus para que a vida do Reino chegue quanto antes, parece estar colocando uma delimitação do tempo presente, para que este se abra para a eternidade. Daí as expressões do evangelista se dão nesses termos:

> Desejei ardentemente, comer esta páscoa convosco antes de sofrer; pois eu vos digo que não a comerei, até que se cumpra o Reino de Deus ....doravante não beberei do fruto da videira, até que venha o Reino de Deus (Lc 4,18).

Jesus fala de um tempo que não chegou ainda e que não será vivido por ele sobre a terra, pois ressuscita e ascende ao céu, o seu Reino plenificado é lá e não aqui. A realidade da vida eterna é aqui apenas indicado, por sinais e figuras: cumprir-se-á de maneira inicial pela instituição da Eucaristia, mas de maneira total e sem véus, no fim dos tempos[28].

### *7. O relato de Mateus (Mt 26, 26-28)*

Junto com relato de Marcos 14, 17-25, segundo os exegetas, constituem a tradição marciana. Porquanto diz respeito a esses quatro relatos, a análise crítico-textual quer destacar as evidências escatológicas que fazem parte desses textos. Em

---

[28] Cf. CENCI, Ana Maria, L`aldilá é una certezza, Padova: Centro Editoriale Cattolico Carroccio, 1994, p. 92.

todos eles encontra-se uma densidade escatológica desse evento que se pode interpretá-la nesses têrmos: em todos os relatos fala-se da morte próxima de Jesus, sobretudo, quando se faz o anúncio da traição de Judas.

A última ceia de Jesus, portanto, se dá em um contexto de traição, contexto que evoca a morte, a destruição da pessoa, na sua corporeidade no sentido de corpo-alma; há palavras de alcance escatológico em todos os relatos, embora sejam colocadas em contextos diferentes.

O evangelista aqui segue a tradição de Marcos. Enfatiza a firme decisão de Jesus: a de deixar o fruto da antiga videira - Aliança do AT - para beber, conosco do vinho novo, que é Ele mesmo, o Ressuscitado:

> ... desde agora não beberei deste fruto da videira até aquele dia em que convosco beberei o vinho novo no Reino de meu Pai (Mt 26,29).

Os apóstolos que Jesus chamou a si neste momento, um dos últimos de sua vida terrena, são aqueles que devem anunciar seu mistério pascal a toda a humanidade. A Igreja que nasce deste mistério vivido e anunciado pelos apóstolos, exigiu o derramamento do sangue de um Deus feito homem como nós.

A celebração desse mistério pascal, depois da consumação do sacrifício, tomará a figura do pão e do vinho comidos junto com o Mestre: a presença visível de Jesus no meio dos seus, se tornará realidade pela fé no Espírito do Ressuscitado. A antiga aliança cede lugar à nova aliança em Cristo Jesus.

### *8. O relato de Marcos (Mc 14, 22-25)*

Esse relato evidencia um componente escatológico significativo, sobretudo quando, com sua fé, leva Jesus a afirmar o seguinte:

> Em verdade vos digo, já não beberei do fruto da videira até aquele dia em que beberei o vinho novo no Reino de Deus (Mc 14,25).

Com tal afirmação o evangelista quer explicar à sua comunidade, que o reino escatológico vem representado pelo banquete. O *vinho*, elemento indispensável do banquete daquele tempo, é chamado *fruto da videira*, como no ritual hebraico da páscoa, seja na bíblia como na literatura rabínica. Esse vinho é um *vinho novo*, quer dizer, tem uma natureza diferente[29]. Maiores comentários sobre este relato, julgamos descenecessários, pelo fato de que ele segue a tradição mateana.

Destas celebrações vividas e experimentadas na fé do Ressuscitado, os discípulos criam o sentido originário da Eucaristia, atualizando as palavras de ensinamento, a pregação e os gestos do Jesus com quem haviam convivido e o acompanharam até o fim de sua vida terrena, chegando mesmo a interpretar qual era a intenção dele ao fazer a última ceia.

### *9. Os discípulos criam o sentido originário da Eucaristia*

Para Paulo e a tradição sinótica, a ceia é gesto escatológico no contexto da traição, e é também antecipação do Reino o qual passa pelo mistério do sofrimento, morte, ressurreição de Jesus. Ele foi torturado, sofreu a paixão, foi traído e morreu. Com sua morte os discípulos esperavam o Reino que Ele pregou. Mas o Reino não veio, veio sim a ressurreição. Essa é que é o Reino de Deus.

---

[29] Cf. LANCELLOTI, B. U., Comentário ao evangelho de Marcos, Petrópolis: Vozes, 1978, pp. 132-134.
Cf. IMPERATORI, M., H. U. von Balthasar: Uma teologia drammatica della storia, Pubblicazione del Pontifício Seminário Lombardo in Roma, 2001, pp. IX-X.

O que se quer dizer com isso. A ressurreição veio com a pessoa de Jesus vivo, glorioso, fazendo os mesmos gestos que fazia antes de sua morte, lembrando o que havia ensinado aos discípulos, trazendo de volta as Escrituras e convivendo de maneira mais plena e profunda porque, diante de sua vida transformada e gloriosa, os discípulos eram tomados por um ardor e uma fé tão fortes que não conseguiam explicar a experiência que faziam da ressurreição a partir da fé.

O gesto da última ceia de Jesus, portanto, o de entregar seu corpo no símbolo do pão, e do seu sangue no símbolo do vinho, gesto seguido de todo o mistério pascal, esse gesto vai ser re-interpretado, porque os que seguiam a Jesus esperavam o Reino, como o próprio Jesus havia anunciado. Visto que o Reino não veio e veio a ressurreição, todos os fatos que precederam o evento da ressurreição, deviam ser olhados e interpretados de novo.

Nesse contexto, sobretudo no contexto da última ceia, é digno de nota enfatizar que Jesus não ligou a Eucaristia a algum dos símbolos sacrificiais tão abundantes no culto judaico, mas, ligou a Eucaristia a uma refeição. Ele queria, sobretudo, simbolizar a união restabelecida da reconciliação, o que explica melhor a reação violenta dos adversários de Jesus, quando este come com os publicanos e os pecadores:

> Os escribas dos fariseus, vendo-o comer com os pecadores e os publicanos, diziam aos discípulos dele: Quê? Ele come com os publicanos e os pecadores? (Mc 2,16).

A instituição, que quer dizer, o estatuto da criação da Eucaristia deu-se, assim, durante a última ceia, provavelmente, em conexão com a páscoa judaica. Mais tarde, os cristãos desligaram essa refeição pascal, a qual se dava apenas uma vez por ano, substituindo-a pela *ágape* ou refeição de confraternização. A conexão com a páscoa porém, passou a ser importante para a interpretação das palavras da instituição que, por causa de sua origem litúrgica, as palavras pronunciadas por Jesus foram transmitidas de forma, extremamente, sumária.

## IV. A originalidade do relato joanino

Quando chegamos em João, bem mais tarde do tempo da tradição sinótica, encontramos o lava-pés (Jo 13, 1-20), isto é, o serviço. Não há o relato da ceia na qual se reparte o pão e se distribui o vinho. A cena é tomada pelo sentido que João dá ao serviço do Mestre que se abaixa diante de cada um e lava os pés.

Aquilo que o escritor sagrado nos ensina, é que Jesus, através da ceia, muda o sentido do serviço que era feito pelo menor, pelo escravo. Este, considerado o último, será o primeiro porque serve e não porque manda, ordena ou é servido. Para ser o maior deve servir e dar-se em serviço.

O serviço de dar a vida, o serviço de entregar-se a ponto de perder a própria vida para que todos possam viver uma vida plena, é a lição mais evidente de Jesus nesta cena descrita por João. Não basta repartir o pão e o vinho transformados no corpo e no sangue vivos de Jesus. É preciso doar-se servindo. É o serviço de dar a vida que transforma o mundo, a sociedade, as pessoas, cada um de nós.

A Eucaristia supera o símbolo para se tornar **a realidade**. João aqui, nos dá o lado obscuro da eucaristia interpretada pela teologia anterior a dele. Ele nos dá a entender que a eucaristia é engajamento, serviço ao outro e doação inteira da vida toda.

Esse lado da eucaristia foi um tanto obscurecido, ao longo da história que se distanciou do sentido mais profundo da última ceia que precede ao evento da ressurreição e à vinda do Espírito Santo. Em tal contexto pode-se dizer que não há somente uma dimensão escatológica da Eucaristia, mas toda ela é um gesto escatológico. Não há Eucaristia sem escatologia.

Quanto à escatologia presente e futura da Eucaristia apresentada em João, esta é bastante evidenciada no contexto do discurso de Jesus sobre o pão da vida, em seu capítulo 6, sobretudo. O objetivo desta parte do excurso é apresentar alguns destaques escatológicos que o evangelista atribui a esse discurso de Jesus, sem, contudo, excluir o horizonte de fundo de todo o evangelho de João, mas a partir dele enfatizar a dimensão escatológica do discurso de Jesus sobre a eucaristia.

Acreditamos que seja importante aqui fazer um breve lembrete, deve-se levar em conta o seguinte: seja o evangelista ou a sua escola, deixa transparecer que todo o seu tratado teológico, tende a explicitar uma *escatologia do presente* e uma *escatologia do futuro*. Tomamos os capítulos 5 e 6 para mostrar a interpretação joanina.

## *1. A escatologia presente e futura do Lava-pés*

As afirmações escatológicas do presente e do futuro[30] apresentam-se justapostas. João fala de uma escatologia do presente em seu capítulo 5,25 e no discurso sobre o pão da vida, em 6, 26-58. Partindo desta consideração, o que o

---

[30] Cf. LUBAC, H., Cattolicismo. Aspetti sociali del dogma, Milano: Jaca Book, 1992, pp. 75-79. Por que se fala de escatologia presente e futura? A compreensão escatológica do presente em João, assume uma relevância significativa quando fala do discurso de Jesus sobre a obra do Filho que atribui já, agora, a vida eterna a quem crê no Filho. Mediante a fé, passa-se já, agora, da morte do pecado à verdadeira vida e não se vai mais ao encontro do juízo, pois que, a hora esperada já irrompeu com a vinda do Filho ao mundo: Em verdade, em verdade vos digo: ' vem a hora – e é agora -...' (Jo 5,25). O fundamento dessa escatologia é a fé, retomada como escatologia do futuro no capítulo 6, quando João fala da ressurreição no último dia (Jo 6, 39-40; 64).

evangelista escreve, entra em consonância com a pregação apocalíptica da Igreja primitiva, a tradicional escatologia futura, segundo a qual, a *hora* não é ainda chegada, ainda não irrompeu.

Contudo, na perspectiva presente misturam-se também esperanças futuras, que por esse motivo se coloca, sobre o plano da crítica textual e sobre o plano teológico, a questão da ligação entre os dois escritos: o de Jo 5, 24-29, e, sobretudo, o capítulo 6, 22-66.

O que se quer destacar é o sentido que Jesus quer dar à sua íntima união com o Pai, a qual aparece como o modelo daquilo que acontecerá com os que crêem e comem a Jesus. Esse evento acontece já, agora, mas, *sobretudo, no último dia.* Esta é a perspectiva escatológica própria de João.

Quando o povo, depois do sinal da multiplicação dos pães, *procura* Jesus com a intenção de garantir o próprio sustento, Jesus contrapõe a preocupação desse povo pelo alimento material, a preocupação por um alimento que dura para a vida eterna:

> Trabalhai, não pelo alimento que se perde, mas pelo alimento que permanece até a vida eterna, alimento que o Filho do Homem vos dará, pois Deus, o Pai, o marcou com seu selo (Jo 6,27), com o Espírito Santo.

O texto porém, por um lado afirma que a vitória definitiva sobre o pecado e sobre a morte chega já no presente, pelo fato de a pessoa ouvir e abandonar-se, na fé, ao Filho de Deus, e, de outro lado, adia essa vitória sobre o pecado e sobre a morte, a uma futura ressurreição e a um sucessivo juízo divino, dando a entender que a vida definitiva vivida, aqui, pela fé não é ainda plenificada. A escatologia futura deve, evidentemente, preservar a afirmação da escatologia presente de um mal-entendido (cf. 2Tm 2,18)[31].

Ainda que o Evangelho de João tenda a considerar conjugáveis as duas posições, existem muitos motivos para pensar e considerar como possibilidade, que as afirmações sobre a escatologia futura tenham sido acrescentadas e precisadas, ou pelo mesmo evangelista, ou, mais provavelmente, por um redator que o sucedeu.

Diante da murmuração daqueles que consideram arrogante a pretensão de Jesus de afirmar, *Eu sou o pão descido do céu* (6, 41), João enfatiza, com certa força, que todo aquele que crê tem em *si a vida eterna,* que é Jesus mesmo *o pão da vida* (v. 48) e que, *todo aquele que come deste pão não morrerá, mas viverá eternamente* (cf. 6, 50-51b)[32].

Esta compreensão escatológica do presente é acompanhada de afirmações que expressam uma atualização sacramental da vida aqui na terra nos dons eucarísticos. Em 6,27 João fala de um alimento que dura para a vida eterna, o qual não se identifica mais simplesmente com o mesmo Jesus, mas que será dado por Ele mesmo, pelo Filho do Homem, sob a forma do pão e do vinho que é o corpo e o sangue desse Filho do Homem. Quem come, através dos

---

[31] Cf. AUER, J., RATZINGER, J., Escatologia. Morte e vita eterna, Assisi: Cittadella Editrice, 1979, pp. 126s. Não parece destituída de explicação mais profunda a Segunda Carta que Paulo escreve a Timóteo, 2Tm 2,18, sobretudo. Nesta se reflete a situação de um novo cativeiro de Paulo o qual encerraria com a morte. Esta Carta seria como que o testamento de Paulo, precedido de pouco ao seu martírio que se dá em torno ao ano 67. É verossímil que a tenha escrito no fim de sua vida. Assim recomenda a Timóteo contra os falsos doutores que se opõem à ressurreição: Eles se desviaram da verdade, dizendo que a ressurreição já se realizou; estão pervertendo a fé de vários.

[32] Cf. Ibid., o. c., p. 156. João 6,63 afirma, expressamente, que comer o pão da vida, isto é, viver a fé em Jesus vivo e doado na Eucaristia, comporta essencialmente, orientar-se pelas suas palavras e permanecer nele. Segundo 14,26, o Espírito Paráclito mantém, constantemente, presente a palavra do Filho na comunidade pós-pascal.

dons sacramentais, a carne do Filho do Homem e bebe o seu sangue tem a vida eterna, forma uma coisa só com Ele, e vive graças a Ele.

A vida prometida no tempo presente a quem crê em Jesus, deve ser explicitada e compreendida, através do dom da vida sacramental. Para quem crê, recebe a vida de Jesus através do seu memorial celebrado no mistério da eucaristia. Nesse contexto e a partir dessa compreensão, as duas afirmações – a vida escatológica vivida no presente e a vida escatológica vivida no futuro, não se excluem, na compreensão do redator ou do evangelista, mas se completam uma à outra.

Ademais, a compreensão de viver a vida plena de Jesus ainda no tempo presente, vem modificada mediante algumas anotações relativas à escatologia futura. Tais anotações chamam a atenção sobre a ressurreição final. No capítulo 13, por exemplo, onde é descrita a cena do lava-pés, encontramos expressões como:

> Antes da festa da Páscoa, sabendo Jesus que chegara a sua hora de passar deste mundo para o Pai, tendo amado os seus que estavam no mundo, amou-os até o fim (Jo 13,1).

### *2. A teologia tenta explicar*

A expressa referência da salvação no presente, preserva a pregação cristã de ser uma simples consolação para o futuro e constitui uma fascinante atualização da esperança da comunidade cristã no que se refere ao definitivo cumprimento da salvação. Não cancela porém, as afirmações da chamada reserva escatológica que falam do Dia do juízo final, do Último dia, do Dia do Senhor, do Fim dos tempos e da Segunda vinda de Jesus a este mundo.

Deixa-se assim de lado, os riscos que se pode correr de individualização e espiritualização sem compromisso temporal, fuga do mundo e arbitrária antecipação do juízo subjacentes na escatologia do presente.

Por outro lado, também, não se pode fazer desta vida uma escatologia já realizada ou 'presentista', como se tudo devesse ser vivido "aqui" e "agora". Mas trata-se de viver o tempo passado, presente e futuro, como tempo profundamente conectado com o nosso próprio ser de pessoas de fé; e conectado com a missão da esperança que alimentamos no Mistério do Cristo, que passou por esta vida fazendo bem todas as coisas, não obstante, submeteu-se à morte, venceu-a com a nova vida da Ressurreição. Esta é a missão da esperança que vivemos no presente.

### *3. A Eucaristia como Memorial do Senhor*

O termo empregado mais antigo é a palavra Eucaristia, que quer dizer Ação de Graças. A expressão Memorial do Senhor, é tardio e compreendido como atualização do acontecimento histórico do passado, atualizado no presente em vista do futuro escatológico, concentrando no *hoje* toda a história da salvação. A comunidade entra na dinâmica desse memorial, sentindo-se contemporânea dos fatos passados e destinatária dos bens futuros. O memorial perpetua a presença do acontecimento histórico. Santo Tomás de Aquino o resumiu assim:

> Ó sagrado banquete em que nos é dado o próprio Cristo (hoje), celebra-se a memória de sua paixão (ontem), a alma se enche de graça (de novo, hoje), e nos é dado o penhor da glória futura (amanhã)[33].

---

[33] Textos de Tomás de Aquino para a festa de Corpus Christi, evidenciando a tripla dimensão temporal da eucaristia. Segue o texto em latim, língua originária de sua elaboração: *O sacrum convivium, in quo Christus sumitur, recolitur memória passionis eius, mens impletur gratia et futurae gloriae nobis pignus datur.*

A refeição pascal era uma renovada celebração da libertação de Israel do Egito e uma repetição da primeira celebração:

> Este dia será para vós um memorial e o celebrareis como uma festa para Javé; nas vossas gerações a festejareis; é um decreto perpétuo (Êx 12,14).

Que o judaísmo contemporâneo via na refeição pascal uma representação da primeira celebração, é bem claro na *Mixná* (Pesahim 10,5). A ordem de Jesus de repetir esta refeição como memória, correspondia, portanto, a uma idéia familiar aos discípulos. A memória tinha entre os judeus, como é natural, um sentido nítido de ação de graças. Contudo, parece pouco provável que tal memória tivesse um sentido de sacrifício de louvor, tivesse sido a figura fundamental da celebração. O caráter de refeição está em primeiro plano.

Originariamente, a refeição pascal não foi um sacrifício, embora possa posteriormente, ter tomado esse caráter. Por outro lado, os discípulos sentiram a proximidade da morte de Jesus, de sorte que qualquer palavra ou gesto de alusão lhes pode ter chamado a atenção sobre esse contexto. Sobretudo a menção de aliança - em Paulo e Lucas: nova aliança - era clara para eles, pois a idéia de aliança evoca logo a do sacrifício que a acompanha (cf. Êx 24 ,1-8). A figura fundamental da Eucaristia é a de uma refeição sacrificial.

Cabe evidenciar ainda a Eucaristia como lembrança vivida da morte e ressurreição do Senhor que se expressa na união mais profunda que a inteligência espiritual do ser humano possa compreender, da divindade de Jesus com a humanidade de cada um de nós. Essa união se perpetua pelos séculos, é o ápice e a fonte de todo o culto dado a Deus Trindade e da própria vida cristã.

Aqu'Ele que se torna presente no Memorial *(zikkarôn)* é o Cristo da páscoa, o Ressuscitado, aqu'Ele que transcende o ser humano, porque ressuscitou para trazer vida plena a todos e aqu'Ele que experimentou, na força do Espírito Santo, a glorificação escatológica. Nesse sentido o Memorial do Senhor é a escatologia da vida sacramental.

### *4. Nossa vida é um sacramental do Pai*

Toda a nossa vida é um sacramental que aponta para o grande Sacramento, o próprio Cristo que faz de sua Igreja o Sacramento do Pai. Daí o fato de considerarmos sacramentais da nossa vida temporal:

***Tempo e eternidade*** - A primeira dimensão escatológica que se pode extrair da celebração do sacramento eucarístico como Memorial *(zikkarôn)* do Senhor, é o fato de que ele é uma realidade do presente que faz antegozar o futuro escatológico. Ao celebrar o Memorial do Senhor, não significa um andar para trás, isto é, andar até o passado para chegar no presente, mas vir do passado para estar no presente. Essa dimensão escatológica do memorial do Senhor é um evento que traz consigo a tensão escatológica da completa realização da graça salvadora trazida por Cristo a toda humanidade.

O conteúdo do memorial é, portanto, o Cristo morto e ressuscitado, que, através de seu mistério pascal realiza o desígnio do Pai que é a reconciliação de todos e de tudo com Ele.

***História e memória*** - A segunda dimensão escatológica a ser evidenciada é a de que o Memorial é uma categoria bíblica proveniente do mundo judaico e, portanto, muito ligado à história. Ao mesmo tempo, o Memorial é um mistério, porque no mistério a realidade representada se identifica com a mesma realidade histórica. A premissa do mistério deve ser buscada no Memorial judaico e não nos mistérios de outras religiões e culturas. O Memorial expressa a relação ascendente a Deus e é ele que oferece uma base significativa e importante para o conceito de sacramento.

***Sacramento e Sinal*** - A terceira dimensão escatológica do memorial leva em conta a Eucaristia como sacramento, uma categoria teológica cristã, proveniente do Cristo enquanto não há outro mistério – sacramento - de Deus se não Cristo, sacramento do Pai, ainda que o termo seja de origem profana. Finalmente, deve-se ter claro de que toda a história de Jesus é escatológica.

A história que a fé assumiu foi a que acabamos de narrar sucintamente, através dos relatos da eucaristia. Por isso essa história tem sentido, ela acumula, sinaliza, aponta para a realidade originária da vida no seu todo. Não se pode passar por cima dessa história e ficar só com a reflexão teológica desenvolvida depois dessa história fontal. Esta História se torna, para nós, sacramento de vida definitiva que absorve, ultrapassa o sinal e se faz realidade núcleo da fé cristã, pela força do Espírito Santo.

## V. Considerações práticas

Com a ressurreição de Cristo, a prometida restauração já está presente no meio de nós, e é levada adiante pela força do Espírito Santo, que atua na Igreja e em toda a criação. Esta é a fonte da nossa esperança que tem seu fundamento na presença ontológica da graça que o Ressuscitado nos trouxe e na qual se enraíza a nossa fé.

O Ressuscitado, como homem e Filho de Deus, se uniu à matéria de tal sorte, que a matéria se uniu à divindade e o ser humano, tocado pela graça, não é uma pessoa abstrata, mas é um rosto marcado por toda a história humana que se faz história da salvação.

A esperança que cria uma história iluminada pela fé, não diminui o valor e a importância de todas as coisas criadas e as realizações terrenas , mas antes as incentiva para que estas realizem seus fins sempre com novas motivações suscitadas pela descoberta das ciências e pela iluminação da fé[34].

Os sacramentos têm uma linguagem que traz a graça de Cristo em seu mistério, até nós, através de sinais. Ao celebrar um sacramento, as palavras e os sinais que fazem parte da celebração, apontam para a vida definitiva que se encontra dentro de nós. A Eucaristia hoje, torna-se complexa de ser explicada e até mesmo vivida, se levarmos em conta a intenção que teve Jesus ao instituí-la.

As influências exteriores – como a ceia pascal judaica, que é a mais próxima -, não nos explicam a origem da Eucaristia como doação do corpo e sangue do Senhor ressuscitado pelo Espírito de Deus que o torna doador desse mesmo Espírito em Pentecostes, e hoje, no grande sacramento. É que a Eucaristia não nasceu por decisão da comunidade, mas da vontade, da *mens*, do espírito de Jesus e do mandato do próprio Cristo, tal como se apresenta nas narrativas que vimos.

Daí os significados que ela toma na vida das pessoas e nas diferentes religiões professadas pelos povos: nos sacramentos, na Igreja como lugar do seu nascimento, nas comunidades de fé, na luta de tantos cristãos, homens e mulheres, que trabalham para a transformação de uma sociedade justa e de acordo com os princípios deixados pela Grande Tradição – das comunidades paulinas, das comunidades sinóticas e a de João, da tradição dos

---

[34] Cf. IMPERATORI, M., H. U. von Balthasar: Uma teologia drammatica della storia, Pubblicazione del Pontifício Seminário Lombardo in Roma, 2001, p. IX-X.

Padres e dos dois milênios já vividos e hoje partindo do Vaticano II até nossos dias.

A Eucaristia hoje, levando em séria conta a origem e a fonte de onde veio, está muitíssimo modificada e complexa. Há evidências a partir do nosso cotidiano, que nos interpelam.

A primeira pergunta que assalta à nossa mente e à nossa vivência de fé neste grande Sacramento, é esta: Como celebrar a Eucaristia num mundo de injustiças e de sinais que não apontam para a esperança? Seguem-se outros questionamentos que têm a ver com o nosso presente que reflete um passado de pecado e têm a ver com o futuro escatológico trazido por Jesus Cristo[35], como por exemplo:

Pode-se ter, de um lado a missa, que celebra a vida, e de outro viver a morte violenta? Que sentido tem celebrar a Memória de Jesus numa comunidade onde oprimidos e opressores se encontram lado-a-lado? Numa situação conflitiva, é responsável celebrar a Memória do Senhor, atualizar a entrega de Jesus, seu gesto de amor e deixar que tudo corra como antes?

A Eucaristia constitui o núcleo da nossa fé, onde se densifica a História da salvação e onde Deus se faz maximamente presente[36]. Aí se nutre a comunidade eclesial; comendo o corpo de Cristo ela se torna corpo místico de Cristo. A Eucaristia é *comunhão* com o Senhor, é *sacrifício* perene que se visibiliza na celebração, é *sacramento* de uma presença que continuamente se entrega à humanidade, é ação de graças pelo dom da salvação que o Pai nos deu em Cristo e no Espírito, é a festa da Igreja que expressa e cria sua unidade.

---

[35] 34 Cf. BOFF, L. *Do lugar do Pobre*, Petrópolis: Vozes, 1984, pp., 103-138.

[36] O autor cita BETZ, J., "Eucaristia: mistério central", in *Mysterium Salutis* IV/5, Petrópolis: Vozes, pp. 1977, 103ss.

Todos estes aspectos estão presentes no mistério da Eucaristia. A pedagogia da fé nos leva a considerá-los de forma integrada e a vivenciá-los em plenitude. Entretanto, há aspectos, que por razões históricas são, numa determinada época, enfatizados mais do que os outros. Assim, para certo tipo de cristãos, a celebração Eucarística significa, fundamentalmente, a realização de um culto e a adoração da presença misteriosa de Cristo sob as espécies de pão e vinho.

Para outros, ela propicia uma comunhão íntima com o Senhor, fonte da salvação. Estes acentos não negam os demais aspectos do mistério, apenas os deixam implícitos, com o fim de respeitar o estilo de vida cristão que cada comunidade leva.

Há também outros cristãos que vivem um compromisso libertador junto do povo, na luta por sua dignidade, na defesa de suas terras e casas, sempre inspirando-se na palavra de Deus e em comunhão com a Igreja. Semelhante situação permite-lhes uma apropriação da Eucaristia que salienta dimensões significativas da profunda união com Cristo que passa pelo compromisso social, sem, contudo, excluir a celebração e a comunhão com o corpo e o sangue do Cristo Vivo.

Refletir estas questões a partir do contexto da Última Ceia de Jesus com seus apóstolos, e da compreensão da Igreja primitiva, é buscar luz e fé para viver a cotidianidade do mistério pascal, que não se esgota na prática e nem mesmo na celebração do Memorial do Senhor, mas transcende a vida no seu todo e nos remete à vida plena com a Comunidade divina.

## Bibliografia complementar

AA.VV. A Eucaristia. Teologia e história da celebração, Anámnesis 3, S. Paulo: Paulus, 1997.

ALDAZÁBAL, J., A Eucaristia, Petrópolis: Vozes, 2002.

BETZ, J., "A Igreja - Eucaristia: mistério central, in *Mysterium Salutis/ IV/5,* Vozes: Petrópolis, 1978,

BOFF, L., Os Sacramentos da vida e a vida dos Sacramentos. *Minima Sacramentalia,* Petrópolis: Vozes, 1979.

CATECISMO DA IGREJA CATÓLICA, Edição típica Vaticana, Petrópolis: Vozes/S. Paulo/Loyola, 1999.

BOUWMAN, "Eucaristia", in Van Den BORN (redator), Dicionário Enciclopédico da Bíblia, Petrópolis: Vozes, 1971, pp., 508-510.

BROUARD, Maurice, S.S.S. (org.) Eucharistia. Enciclopédia da Eucaristia, S. Paulo: Paulus, 2006.

CELAM, Documento de Puebla, S. Paul:, Loyola, 1979, artigos, pp. 247; 662; 923.

COMISSÃO TEOLÓGICO HISTÓRICA DO GRANDE JUBILEU DO ANO 2000, Eucaristia, Sacramento de Vida, S. Paulo: Paulinas, 2000.

COPEGUI, J, A. R. de, "A Eucaristia: uma reflexão a partir da tradição litúrgica", in Perspectiva teológica/32, 9200), 157-186; da mesma Revista: MELO, J. R. de, A participação da assembléia dos fiéis na celebração eucarística ao longo da história: e-volução ou in-volução, pp. 187- 220.

DEISS, Lucien, A Ceia do Senhor. Euacristia dos cristãos, S. Paulo: Paulinas, 1985.

DENZINGER, El Magistério de la Iglesia,, Madrid: Herder, 1963, pp. 582 e 884.

GIRAUDO, C., Eucaristia per La Chiesa. Prospettive teologiche sull`eucaristia a partire dalla "Lex orandi", Brescia: Morceliana, 1989.

JOÃO PAULO II, Carta Encíclica, *Ecclesia De Eucharistia,* S. Paulo: Paulinas, 2003.

KOENEN, K - KÜHSCHELM, R., La fine dei Tempi. Escatologia tra presente e futuro, Bologna, Dehoniane, 2001.

KEHL, M. Escatologia. Madrid: Sígueme, 1992.

MAURICE, B. (org.), Enciclopédia da Eucaristia, S. Paulo: Paulus, 2006.

MAZZAROLO, I. A Eucaristia: Memorial da Nova Aliança, S. Paulo: Paulus, 1999.

NOCKE, F.-J., "Eucaristia", in SCHNEIDER, Theodor, Manual de Dogmática, volume II, Petrópolis: Vozes, 2001, pp. 241-374.

SILVA, B., Fé e Sacramentos no Evangelho de São João, Aparecida: Santuário, 1995.

TABORDA, Sacramentos, Práxis e festa, Petrópolis: Vozes, 1987.

VATICANO II, Constituição Sacrosanctum Concilium, Petrópolis: Vozes, 1984.

VV.AA., A Eucaristia na Bíblia, S. Paulo: Paulus, 1985.

# PARTE TERCEIRA

## DEUS CRIA COISAS NOVAS

### I. A Igreja escatológica do Vaticano II e seu desenvolvimento

Os documentos do Vaticano II assinalam uma etapa decisiva para a compreensão da escatologia cristã, na fidelidade à originária mensagem bíblica, ainda que a necessária reflexão conciliar represente, de um certo modo, só o início de uma caminhada. Essa caminhada consiste em rever todo o tratado da escatologia, reflexão que ainda se encontra em ato.

Os padres conciliares mostram o desenvolvimento da história dos dogmas, enfatizando a necessidade de se resgatar o retorno às fontes, sobretudo, as fontes da Sagrada Escritura, para que estas sejam colocadas na sua verdadeira luz.

Elas formam o núcleo das verdades fundamentais da fé eclesial sobre a escatologia, mediante um processo de estudos profundos dos textos originais escriturísticos que fornecem a informação necessária da experiência de fé vivida e testemunhada pelas comunidades apostólicas e primitivas da história do cristianismo da fé.

Não só, mas essas nascentes da fé cristã fornecem também formas adequadas e aceitas para tirar os mitos que foram criados em torno da verdade que dá o sentido global e intregrado da nossa vida humana e terrena, que é a escatologia como a chamamos nesse tratado teológico. Tal desmitologização da verdade última da fé redireciona o nosso estilo de vida, os nossos relacionamentos humanos, sociais e culturais religiosos através de novas figuras, imagens e linguagens cheias de esperança.

O Vaticano II apropria-se da visão escatológica de Paulo, para afirmar que: *A restauração prometida que esperamos, já começou com Cristo...*(1Cor 10,11). Acerca deste ponto, afirma-se que, no mistério pascal de Cristo[1], já começou a renovação de todas as coisas; e é chegado o fim dos tempos, que terá pleno cumprimento só quando a humanidade inteira, chamada a formar o único Corpo místico de Cristo, será, plenamente, configurada a Ele.

Deste modo, a humanidade e cada ser humano, participarão da glória e do reino trazido pelo Ressuscitado quando a pessoa tiver realizado todas as potencialidades de bem e de realizações construtivas em sua vida terrena. Tais realizações que levaram a pessoa assemelhar-se com aqu`Ele que viveu esse Projeto recebido do Pai, satisfez os desejos de seu coração e fez de suas fraquezas humanas um meio de seguir os passos do Jesus que se encarnou e mudou o curso de uma história do mal para uma História do bem.

No seguimento de Jesus, essa pessoa tem a força e a luz suficientes de optar por viver totalmente com Ele, entrando assim para a História da salvação.

Duas figuras ou imagens destacam-se no parágrafo a seguir: a da Jerusalém do futuro e a da condição humana do presente. O significado dessas imagens, vistas na ótica da índole escatológica da nossa vocação, na Igreja de Cristo, pode ser condensado na palavra "glória", no sentido de que irradia e se torna manifestação visível da essência da própria

---

1 Esse mistério consiste em: morte, elevação, e ressurreição; efusão do Espírito Santo sobre os apóstolos, ascensão de Cristo à direita do Pai.

imagem, e no sentido de labuta terrena que se faz presente na condição humana e na criação toda.

A realidade mais íntima e essencial desse processo se dá a conhecer na contemplação, como forma de estar com Deus nas coisas do mundo e da História, se dá no êxtase – não como arrebatamento, mas como forma de se deixar penetrar pelo sentido das coisas últimas, passando pelas que nos fazem vibrar e viver a dinâmica do Espírito

Essa dinâmica se dá ainda na profecia e se dá ainda na profecia como anúncio e como testemunho do futuro a partir do presente terrenal[2]. É a experiência que já se vive no presente, mas em estado de esperança fundada em Cristo

### *1. A renovação do mundo foi decretada*

Se a presença de Cristo já começou porque Ele ressuscitou, a figura da Igreja peregrina que carrega em si a plenitude da vida[3], um Novo Céu e uma Nova Terra (cf. Ap 21,1), apontam para uma Nova Aliança[4], e anunciam que Deus, na Pessoa de Jesus Cristo, veio morar, definitivamente, com seu povo (cf. Ap. 21,3), que somos todos nós. Ele está aqui pela força de seu Espírito, o mesmo Espírito que recebeu do Pai e O ressuscitou.

---

[2] Cf. BERNARD, C. A., "Contemplazione", in Nuovo Dizionario di Spiritualità, Roma: Paoline, 1982, pp. 266-267.

[3] Cf. TONONI, R., "Storia ed *Éschaton* nella *Gaudium et Spes*", in Quaderni di Teologia, Brescia Queriniana, 1998, p. 159.

[4] Cf. PEÑA, J. R. de Teologia da Criação, S. Paulo, Loyola, p. 59-64: O hino cristológico escrito aos Colossenses, fala do primado de Cristo na ordem da nova criação. Cristo é a Imagem do Deus invisível que se torna visível pela encarnação humana que assume e vive entre nós. A palavra Imagem aqui, sugere a clara realidade de Deus próxima a seu Povo e relacionada com Ele através da Nova Aliança. O primado de Cristo na nova criação, há que ser pensado no conjunto do processo do mundo criado como tal. Só a partir desse processo criador é que se obtém a Imagem visível de Deus Pai em Jesus Cristo, o que dá sentido e unidade à concepção do Deus visível em Cristo, a partir do fim bom da História, que é a salvação.

Com esse modo de fazer e de se revelar a seu povo, Deus chamou o ser humano à vocação transcendental e escatológica. Mas colocou-o dentro de um longo processo histórico. É a partir desse processo que Deus chama cada pessoa a participar da vida com Ele e de seu ato criador[5].

Nesse contexto, o tempo final do projeto-esperança já chegou e se realiza, ainda que incipientemente, na história, e se consuma para além da própria história enquanto história salvífica que arrasta consigo toda a criação para que seja recriada. Pois, o *Éschaton* é o Reino e nós fomos atingidos por este Reino de Deus – Jesus Cristo, o Filho Primogênito do Pai. O parágrafo que segue afirma esta verdade da fé escatológica:

> (48/130) Portanto, a era final do mundo já chegou até nós (cf. 1Cor 10,11) e a renovação do mundo foi, irrevogavelmente, decretada e de um certo modo já é real e antecipada nesta terra. Pois, já na terra a Igreja é marcada com a verdadeira santidade, ainda que imperfeita. Todavia, até que houver novos céus e nova terra, nos quais habita a justiça (cf. 2Pd 3,13), a Igreja peregrina leva consigo – nos seus sacramentos e nas suas instituições que pertencem à idade presente -, a figura deste mundo que passa e ela mesma vive entre as criaturas que gemem e sofrem como que dores de

[5] Cf. NOCKE, F-J., "Consumação do Mundo",in Manual de Dogmática/II, Petrópolis: Vozes, 2001, pp. 340ss. A história judeu-cristã da fé, é a história da esperança. Inicia-se com uma promessa: "Sai de tua terra (...) para a terra que te mostrarei. Farei de ti uma grande nação (...)" (Gn 12,1s). O êxodo começa de modo semelhante. Da sarça ardente, Deus promete libertação e terra própria (cf. Êx 3,7-12). Depois, no Sinai, Deus promete a seu povo fazê-lo um reino de sacerdotes – povo privilegiado que pode aproximar-se de seu Deus -, uma nação santa, que pode contar com a proteção certa de Javé, na medida em que seja fiel à Aliança (cf. Êx 19, 4-6). Até que essa História de peregrinação, o povo vê realizada na pessoa de Jesus, a realização da expectativa então, abre-se para um horizonte cada vez maior (cf. Lc 17,20s).

> parto até o presente e aguardam a manifestação dos filhos de Deus (cf, Rm 8,19-22).

Numa atitude de fé e de esperança, os padres conciliares afirmam que a Igreja fundada em Jesus Cristo é santa e eterna, mas vive a eternidade, no transitório; vive a perfeição, no caduco deste mundo; a transcendência, dentro da miséria; a santidade, nos caminhos de pecado e graça. A presença do Espírito do Ressuscitado nela, como princípio divino, faz com que cada ser humano, que a constitui, vá ao encalço dessa santidade com ânimo e entusiasmo, a ponto de entregar a própria vida para testemunhar a vitalidade de seu peregrinar como membro Corpo místico de Cristo.

### *2. Mas toda a criação ainda geme e sofre*[6]

Pelo fato de não haver atingido ainda a consumação definitiva da glória, a criação sofre e geme junto com toda a humanidade, agora, para plenificar-se de forma definitiva e gloriosa, na consumação final. Viver a vida temporal nesse processo de amor que se doa inteiramente, em vista do definitivo em Deus, já é estar a caminho, já é alimentar-se do alimento das pessoas eleitas, figuras do 'rosto' de Deus sempre presente[7] na história.

Em todo o capítulo 8 da Carta dirigida aos Romanos, aparece claro o contexto da Nova Criação, já ocorrida em Jesus Cristo e pela graça salvadora ao alcance de todos. Na pessoa de cada um de nós e de toda a humanidade, a Igreja como Povo de Deus, como discípula e mestra dos ensinamentos de Jesus e de todo o seu mistério, torna-se

---

[6] Cf. Artigo da autora, já citado nas partes anteriores e que publicou parte deste parágrafo in Atualidade Teológica, fasc. 13, Ano VII (2003), pp. 20-22, revista e atualizada para esta publicação

[7] Cf. S. GREGÓRIO MAGNO, "Cristo, o bom pastor", in Liturgia das Horas/II, segundo o Rito Romano, Hom.14, 3-6: PL 76, pp. 679-680.

serva que preside ao serviço de oferecer a Deus Pai, o mais completo e perfeito louvor, qual eterno cântico de toda a criação recapitulada em Cristo.

Santo Agostinho[8] é muito feliz quando faz seu comentário ao Salmo 149, em seus versículos 1-2 Em seu comentário chega a afirmar que a vida presente não está desligada da vida futura, com a insistência de que se ainda não vivemos o que nos foi prometido pela fé devemos perseverar no desejo e no louvor:

> Toda a nossa vida presente deve transcorrer no louvor de Deus, porque louvar a Deus será também a alegria eterna de nossa vida futura. Ora, ninguém pode tornar-se apto para a vida futura se, desde já, não se prepara para ela. Agora louvamos a Deus, mas também rogamos a Deus. Nosso louvor está cheio de alegrias, e nossa oração, de gemidos. Foi-nos prometido algo que ainda não possuímos; porém, por ser feliz quem o prometeu, alegramo-nos na esperança; mas, como ainda não estamos na posse da promessa, gememos de ansiedade. É bom perseverarmos no desejo, até que a promessa se realize; então acabará o gemido e permanecerá somente o louvor... Não deixes de viver santamente e louvarás sempre a Deus. Deixas de louvá-lo quando te afastas da justiça e do que lhe agrada. Mas, se nunca te desviares do bom caminho, ainda que tua língua se cale, tua vida clamará; e o ouvido de Deus estará perto do teu coração. Porque assim como nossos ouvidos escutam

---

[8] https://pt.wikipedia.org/wiki/AgostinhodeHipona. Entrada em 20 de fevereiro de 2020. Agostinho, foi um dos mais importantes teólogos e filósofos nos primeiros séculos do cristianismo, cujas obras foram muito influentes no desenvolvimento do cristianismo e filosofia ocidental. Ele era o bispo de Hipona, uma cidade na província romana da África. Escrevendo na era patrística, ele é amplamente considerado como sendo o mais importante dos Padres da Igreja no ocidente. Suas obras-primas são *De Civitate Dei* (A Cidade de Deus) e Confissões, ambas ainda muito estudadas, atualmente.

> nossaspalavras,assimosouvidosdeDeusescutamnossos pensamentos[9].

A esperança de viver esta vida que já trazemos dentro de nós, foi assumida e experimentada pela história vivida por Jesus, que foi preparada pela História de Israel. Esta História de esperança se inscreve em todo o desenrolar da história humana tecida de esperanças nas promessas divinas.

A esperança do povo de Israel é realizada pelo Verbo de Deus, que como homem perfeito entrou na história humana[10]. Em sua figura a palavra criadora de Deus se torna visível e a recapitulação do universo no homem perfeito - o Verbo Encarnado - realiza o fim da história humana, como polo de toda a civilização, centro do gênero humano, alegria e plenitude de todas as aspirações dos povos.

Nessa concepção é o próprio Messias que realiza toda a esperança da humanidade, ponto focal dos desejos da humanidade[11]. Esta história está intimamente ligada à História da salvação que assume a humanidade na sua totalidade. Na história humana realiza-se o mistério de Deus, que é a História da salvação.

Iluminado por esse motivo teológico de fundo, o

---

[9] Cf. BRIAN, E. DALEY, Origens da escatologia cristã. A esperança da Igreja primitiva, S. Paulo: Paulus, 1991, p. 192s: Agostinho (354-430), séc. V, foi sem dúvida o teólogo que mais influenciou o desenvolvimento da escatologia latina, ainda que, na maioria de seus detalhes, a doutrina escatológica de Agostinho seja tradicional, fundamentada nos recursos teológicos acumulados da Igreja oriental desde Orígenes, da Igreja ocidental desde Tertuliano e Hipólito e das práticas e esperanças alimentadas pelos cristãos africanos de sua época. O que é novo na escatologia de Agostinho é a sua coesão sistemática, sua integração numa síntese teológica mais ampla no sentido escriturístico, filosófico, especulativo e pastoral prático.

[10] Cf. SMULDERS, P., "A atividade humana no mundo", in A Igreja no Mundo de Hoje, o. c., p. 340.

[11] L'Osservatore Romano: referência à alocução de Paulo VI em 3 de fevereiro de 1965.

Concílio esteve, do princípio ao fim, compenetrado, não só no cordial reconhecimento *do dinamismo do tempo presente* (*GS* 4), mas na própria definição da economia cristã, pois ela é a História da salvação realizada com a entrada no mundo, do Verbo de Deus (cf. *GS* 38).

O ponto central de toda a teologia da história, na perspectiva da escatologia, portanto, é a encarnação histórica do Verbo, como caminho escolhido por Deus, para que, no seu amor, a criatura vinda de seu Criador, estivesse sempre aberta à densidade original de todas as coisas criadas; a criatura estivesse aberta para encontrar na evolução e no serviço de toda a criação, novas motivações para a sua missão específica de proclamar a palavra revelada que deve permanecer como lei de toda a evangelização (*GS* 44).

Não só, mas que essa criatura vinda das mãos divinas do Criador encontrasse na criação novos recursos para a sua participação direta no progresso das ciências, na variedade das culturas e na riqueza do diálogo religioso do nosso tempo[12].

A esperança que aponta para a escatologia, tem como solo profundo a presença ontológica da graça de Cristo, na qual se enraízam a fé e a mística fundamentadas nos valores humanos, os recursos comunitários e a atividade humana mundial. O Verbo, como homem, se uniu à matéria de tal sorte que a matéria se uniu à divindade e o ser humano, tocado pela graça, não é uma pessoa abstrata, é um rosto marcado por toda a história humana que se faz História da salvação.

Insistimos ainda de que a esperança que cria uma História iluminada pela fé, não diminui o valor e a importância de

[12] Cf. CHENU, M-D., "A missão da Igreja no Mundo" Referência à alocução de Paulo VI em 3 de fevereiro de 1965.
Cf. CHENU, M-D., "A missão da Igreja no Mundo de Hoje", in Baraúna, o. c. , p. 344.

todas as coisas criadas e as realizações terrenas, mas antes as incentiva para que estas realizem seus fins, sempre com novas motivações suscitadas pela descoberta das ciências e pela iluminação da fé[13]. Chamamos a isso de construção do Reino de Deus que se dá na ação continuada de todo ser humano.

## II. A vida temporal em vista da escatológica

Quando se pensa e se reflete sobre a dimensão temporal da nossa vida, entra-se de cheio na questão do Reino de Deus. O reino está presente no meio de nós e ao mesmo tempo ele é sinal que aponta para uma realidade que ultrapassa a nossa condição de pessoas humanas e limitadas, pelo tempo que nos envolve e pelo espaço que nos circunda.

A nossa concepção de Reino então, irrompe como tensão escatológica, porque nos sentimos divididos, interiormente e exteriormente: o temporal e o imediato se apresentam ao nosso modo de viver e de sentir humanos, muito mais fortes e imperativos do que o definitivo. Pois, o futuro plenificado da existência cristã, só se encontra presente na figura do *Éschatos*, o Cristo glorificado, que caminha conosco, na força do Espírito e nos sinais que apontam para Ele.

É desta tensão que irrompe particular vigor, que acelera o movimento da caminhada do povo de Deus em direção à esperança final[14]. Pode-se destacar no parágrafo abaixo, dois tipos de vigor que movimentam a Igreja de maneira acelerada e segura ao mesmo tempo.

À luz das palavras de Paulo VI como se viu no início, tem sentido falar de um tipo de vigor que nos faz conscientes da nossa filiação divina e nos faz viver e sentir o desejo de

[13] Cf. IMPERATORI, M., H. U. von Balthasar: Uma teologia drammatica della storia, Pubblicazione del Pontifício Seminário Lombardo In Roma, 2001, p. IX-X.

[14] Cf. CAMILLERI, N. La Costituzione Dogmática sulla Chiesa, Torino-Leumann, 1967, p. 872.

estar com Cristo como filhos e filhas de Deus, e o somos de fato, porque impelidos pelo mesmo amor com que Cristo morreu e ressurgiu para sempre. O parágrafo é esse:

> (48/131) Unidos, pois, a Cristo na Igreja e marcados pelo Espírito Santo que é o penhor da nossa herança (Ef 1,14), somos na verdade chamados filhos de Deus e o somos de fato (cf. 1Jo, 3,1), mas ainda não aparecemos com Cristo na glória (cf. Cl 3,4), na qual seremos semelhantes a Deus, porquanto O veremos como é (cf. 1Jo 3,2). Por isto, enquanto estamos no corpo, vivemos ausentes do Senhor (2Cor 5,6) e, embora tenhamos as primícias do Espírito, gememos em nós mesmos (cf. Rm 8,23) e desejamos estar com Cristo (cf. Fl 1,23). Somos impelidos pela mesma caridade a viver mais para aqu'Ele que por nós morreu e ressurgiu (cf. 2Cor 5,15).

A filiação divina é comunhão pessoal e íntima com Deus. Breve exemplo de vida o temos quando uma mãe, ou um pai adotam um filho. Chamam-no de filho do coração para enfatizar o quanto pertence aos pais essa criatura. Mais que filho de suas vísceras é muito mais filho do centro da vida dos dois, o coração que envia ao cérebro seus 40 mil hormônios. Pois, o coração é o órgão do corpo que envia mais informação ao cérebro do que recebe.

A nossa adoção de filhos de Deus em Jesus Cristo nos diviniza, isto é, nos leva a desenvolver uma vida humana que prepara a plenitude dessa vida terrena porque somos pessoas geradas das entranhas de do Criador e adotadas em seu Filho no amor, para a felicidade eterna que começa já na terra.

Esta relação amorosa que Deus estabelece com cada um de nós é uma relação particular que leva em conta as relações humanas, sociais e religiosas de cada pessoa, que vive sua fé em comunidade. No âmbito desta concepção, somos chamados, filhos e filhas de Deus, ainda que vivendo em estado de quem vislumbra os sinais que apontam para este Reino de felicidade.

### *1. A forte tendência de sermos felizes*

A nossa filiação divina não é abstrata, mas concreta, histórica, ultrapassa nossa condição humana, para se tornar uma realidade que vive no sinal de uma vida trans-histórica, em vista da sua realização. O destino pessoal de cada criatura encontra a sua explicação e a sua realização no mistério de Jesus Cristo. Paulo explica como isso se dá quando escreve aos romanos e à Comunidade de Filipos[15]:

> Todos os que são conduzidos pelo Espírito de Deus são filhos de Deus. Com efeito, não recebestes um espírito de escravos, para recair no temor, mas recebestes um espírito de filhos adotivos, pelo qual clamamos: *Abbá!* Pai! O próprio Espírito se une ao nosso espírito para testemunhar que somos filhos de Deus. E se somos filhos, somos também herdeiros; herdeiros de Deus e co-herdeiros de Cristo, pois sofremos com ele para também com ele sermos glorificados. (Rm 8, 14-17). Em Jesus Cristo, a filiação divina nos dá a consciência da salvação trazida por Ele, que assumiu a nossa condição humana em tudo, menos no pecado (cf. Fl 2,7). Entrou na nossa história, transcendeu-a e deu um sentido de realização definitiva à nossa esperança.

[15] https://pt.wikipedia.org/wiki/Ep%C3% Epístola_aos_Filipenses. Entrada em 14 de setembro de 2019. Filipos, uma cidade importante no Império Romano por causa de sua localização geográfica na região montanhosa entre a Ásia e a Europa. Sua fundação data de antes de Cristo.

A existência histórica de Jesus guarda uma experiência profunda na memória dessas comunidades que buscam fazer a mesma experiência que Jesus fez em sua relação filial e íntima com o Pai. O nível dessa experiência é vida em mistério: Jesus abandona-se confiante no Pai, na sua permanente integração com Ele, no seu Projeto de salvação e cobriu a humanidade toda de sua graça.

Essa experiência é testemunhada não só pelas comunidades paulinas, mas pelos evangelhos que constituem a caixa de ressonância daquilo que Jesus viveu. O reflexo da dimensão humana da filiação divina, torna-se uma experiência única e irrepetível, própria de uma pessoa que é, verdadeiramente, filha de Deus[16].

Nesse contexto, a morte de Jesus teve um caráter escatológico, primeiro, porque a comunhão que o Filho viveu com o Pai foi consumada na doação total da vida de Jesus nesta terra. E segundo, porque no Filho se cumpriu a plenitude da comunhão com o Pai e com todos os seus filhos adotivos em Cristo (cf. Jo 10, 15-18).

Nesta atitude de Filho em comunhão com o Pai, o tempo *chronos* de Jesus atingiu seu ponto alto na tensão entre a vida terrena e a comunhão de vida com Deus. Dessa comunhão nasce a nossa filiação divina, estreitamente, identificada com a vida do próprio Filho[17]. Paulo nos fala da prova cabal da nossa filiação divina em Jesus Cristo, quando escreve aos Romanos, esta afirmação:

---

[16] Cf. MARCHEL, W., La prière du Christ et des chrétiens, Roma, 1965, pp. 162-165. Juan Alfaro, em sua reflexão sobre a escatologia do Concílio Vaticano II, cita este autor e acrescenta: a auto-comunicação do Pai com Jesus, o constitui seu Filho querido. E assim o Pai cumpre o desígnio salvífico, guardado em silêncio por séculos e milênios (cf. Rm 16, 25-27), e expressa, na doação do Filho ao Pai pela humanidade, a opção fundamental pelo serviço do Reino, opção levada a um Fim Bom, pelo próprio Filho.

[17] Cf. ALFARO, J., Speranza cristiana e liberazione dell'uomo, Brescia: Queriniana, 1973, p. 143-155.

> Pois estou convencido de que nem a morte nem a vida, nem os anjos nem os principados, nem o presente nem o futuro, nem os poderes nem a altura, nem a profundeza, nem qualquer outra criatura poderá nos separar do amor de Deus manifestado em Cristo Jesus, nosso Senhor (Rm 8, 38-39).

Esse amor é manifestado, plenamente, no mistério pascal que continua na vida, paixão, morte, e ressurreição de cada pessoa humana que acolhe Jesus e sua missão salvadora, como Palavra encarnada do Pai e recebe a legitimidade da filiação divina (cf. Jo 1,12). O mistério de Jesus Salvador e o mistério da pessoa humana, apresentam-se como dois momentos de um único evento, enquanto sinal do verdadeiro e pleno destino da pessoa humana.

O mistério de Jesus Salvador, no mistério do ser humano, revela a concretude da libertação do mal e realiza a história temporal, naquilo que ela tem de bom e santo, libertação que se torna História da salvação concreta, para a humanidade e toda a criação que espera por esta libertação (cf. Rm 8, 18-19).

Quem não conhece a pessoa de Jesus Salvador como o Enviado do Pai e não o acolhe na sua vida, se exclui a si mesmo (cf. Jo 15,21). Quem, porém, partilha do conhecimento da verdade que Jesus Salvador tem do Pai, a este é dada a graça salvadora de reconhecer em Jesus Salvador, aqu'Ele que o Pai enviou (cf. Jo 17,25). Testemunhar a nossa filiação divina é levar a sério a encarnação de Cristo: ela é fundamento da história humana, força transformadora do tempo presente, sentido real da nossa predestinação[18].

Por isso somos filhos e filhas adotivos de Jesus Cristo Salvador, conforme a vontade do Pai, que nos presenteou com a graça salvadora (cf. Ef 1,5).

---

[18] A palavra obtém sentido e unidade a partir do FIM: ser pessoa eleita, escolhida para a salvação mediante a eterna presciência de Deus Salvador.

Os filhos e as filhas de Deus são pessoas que reconhecem Jesus como seu Senhor e aceitam segui-lo no chamado à santidade (cf. Rm 1,9). São pessoas eleitas, santificadas e amadas por Deus (cf. Cl 3,12). Estas pessoas vivem uma íntima união com o Espírito Santo; Cristo é para elas santificação, justiça e redenção (cf. 1Cor 1,30). Essa santificação é ao mesmo tempo caminho de acesso à parusia e à herança eterna (cf. At 20,32), o que significa, pertença total a Deus que se dá em Jesus Cristo pela força do Espírito Santo.

O temporal e o escatológico do Reino de Deus consiste, portanto, em exercitar-se para viver a realidade definitiva que vem embutida nas coisas que passam. Estas guardam em sua profundidade de seres plasmados pelo Criador, a essência de seu estar no mundo. Significa afirmar que, para compreender o sentido último da tensão escatológica gerada pelo Reino de Deus, considerado na sua temporalidade, deve-se levar em conta toda a história da humanidade e de cada pessoa, na sua história pessoal.

A realidade escatológica, vivida na temporalidade, passa ser a característica mais íntima da História da salvação. É o movimento de ascensão orientado para a nossa inserção no mistério de Cristo e da Trindade divina, junto com toda a criação.

Foi precisamente por este motivo que Jesus, o Verbo encarnado, ao aceitar o Projeto do Pai, revelado no mistério da encarnação, quis incorporar a si toda a humanidade, a fim de que, pela graça e pela liberdade, pudesse oferecer ao Pai, o louvor que lhe é devido, e a reconciliação merecida.

Nesse sentido, Cristo, elevando a humanidade à consciência de sua divinização, e dando um sentido profundo a obra de suas mãos, manifestada na criação toda que envolve o ser humano com suas necessidades, pudesse fazer de tudo o que existe, seu bem próprio (cf. Sl 135,4), como louvor e como resgate de todo o povo de Israel, criando o novo Israel, que somos nós, a Igreja em caminho para a pátria verdadeira e plenificada.

### *2. Por isso desejamos estar com Cristo*

À palavra *desejo* aqui, pode-se atribuir o significado de *anseio* que nasce da relação íntima da pessoa com Deus, em Jesus Cristo. Toda a Sagrada Escritura aplica esta palavra a distintas situações da vida temporal, sobretudo, para aquelas atitudes que sinalizam a vida escatológica.

Na literatura sapiencial, por exemplo, evidencia-se a realização dos desejos do coração, quando o autor afirma que *ao justo é dado o que deseja* (Pr 10,24). No livro da Sabedoria se manifesta o benefício de Javé para com seu povo, quando lhe manda codornizes para satisfazer-lhe o desejo por alimento. *Beneficiaste teu povo para satisfazer-lhe o ardente de comer* (cf. Sb 16,2s). E este era um alimento extraordinário.

A concepção grega desta palavra condensa um sentido que se liga ao próprio coração que se sacia no desejo, se conecta ao sopro que aspira a um bem, ao ardor que realiza aquilo que espera, à aspiração que vai direta ao próprio espírito que se abre ao Espírito de Deus. A aspiração tem como base uma decisão consciente da vontade regida pela razão humana.

No Novo Testamento, esta palavra aparece como aspiração da fé em direção à pátria onde a pessoa mora com Deus. Esta aspiração nasce da promessa de Deus e se manifesta na orientação que se dá dentro da realidade do mundo. No campo da teologia, o limite do desejo se encontra na instância do amor a Deus e ao próximo.

Em Lucas, por exemplo, tanto a palavra *desejo* como a palavra *aspiração*, são empregadas no sentido de satisfazer uma necessidade básica de vida. O pobre Lázaro *desejava saciar-se do que caía da mesa do rico...* (Lc 16,21). Aplicada à pessoa de Jesus, esta palavra toma o sentido de *ardor*, de *avidez... Desejei ardentemente comer esta páscoa convosco antes de sofrer; ...* (Lc 22,5).

Paulo, ao escrever a seus irmãos de Tessalônica, mostra-se desejoso de revê-los: ... *privados por um momento de vossa companhia, não de coração, mas só de vista, desejamos muito rever-vos* (1Ts 2,17). Expõe sua situação pessoal à comunidade de Filipos, arrematando sua carta com estas palavras: *Sinto-me num dilema: meu desejo é partir e ir estar com Cristo, pois isso me é muito melhor (Fl 1,23).* Assim escreve sem nada mais explicar de como isto se dará.

Da presença simultânea do humano e do divino, em nossa vida, nasce a tensão de não estarmos vivendo ainda em plenitude, aquilo que já possuímos no presente. Nesse sentido *vivemos ausentes do Senhor* (2Cor 5,6), conscientes, porém de que estamos próximos d'Ele, porque fazemos da nossa vida um engajamento sério e ativo na construção do Reino, já presente no meio de nós (cf. Lc 17, 20-21), embora, não ainda plenificado.

Esse dinamismo é fonte de serenidade e raiz daquele ardente desejo da vinda do Senhor que se manifesta na calorosa e repetida invocação muito usada pelas primeiras comunidades, por ocasião da celebração eucarística: *Maranathá , Vem, Senhor Jesus!*

É a tensão escatológica que se cria no interior da prática cristã, como a de se viver intensamente a união com Cristo na força do Espírito Santo. Coloca-se ainda o fato de estarmos vivendo no corpo, o que nos torna pessoas limitadas e condicionadas, ainda que vivendo cheias de confiança e com profundo desejo de ir morar junto do Senhor (cf. 2Cor

5, 6-8). As primícias do Espírito pulsam dentro de cada um (cf. Rm 8,23), por isso, na vigília ou no sono, vivemos em união com Cristo (cf. 1Ts 5,10).

Viver uma vida que tende, sem mais, à sua finalidade suprema de ser toda de Deus pela filiação divina, através de Jesus Cristo, caminhar por uma estrada segura e aberta a todas as riquezas oferecidas pela fé como dom, caminhar na esperança e não perder a consciência como pessoa *in statu viatoris*. Cabe a nós fazermos desabrochar, durante tod a vida, o mistério de Jesus Cristo presente em nós, até chegarmos ao fim dos tempos da nossa peregrinação terrenal.

Importa viver esta realidade transcendente porque ela ilumina e abre perspectivas de escolhas do presente, e não sermos pessoas ocupadas em saber o *como* esse segredo divino do Pai se dará em nós, no momento da nossa passagem da terra para a eternidade[19].

A vida cristã, portanto, vivida na comunidade de fé, leva a pessoa a caminhar em direção ao Senhor, embora vendo-o de maneira confusa ainda, como que num espelho (cf. 1Cor 13,12), porque caminha pela fé e não pela visão (2Cor 5,7). Não temos ainda o conhecimento da fé que nos possibilite o estar com o Senhor e viver da comunhão com Ele.

A Nova Criação está se fazendo e se realizando dentro e fora de cada um de nós, mas ainda não é plena, pulsa em potencial porque trazida pelo Ressuscitado que alimenta a esperança e o desejo de satisfazer todas as aspirações que significam realização e continuidade plena.

---

[19] Cf. BARAÚNA, G., O Vaticano II, o. c., p. 1134. Segundo os padres conciliares, não se pode guardar silêncio sobre estas realidades, dado que a esperança é integrante da experiência da comunhão com o Pai; pessoas que professam a fé cristã podem deixar-se levar por uma esperança sem fundamento e, portanto, falsa.

## III. Buscamos criar uma vida sempre mais realizada

As afirmações da teologia paulina apresentam um conteúdo, especificamente, centrado na criação trazida por Jesus Cristo. Pois, ele não veio só para libertar do pecado e da morte toda a criação, mas fazer nova a criação que se fechara ao Criador, e neste processo histórico, que transcende a própria revelação do Deus criador e salvador de toda a criação, dar a Ele a glória, o louvor e a honra que lhes são devidas.

Para a tradição judeu-cristã, Jesus Cristo é o vértice e o centro da criação, segundo a expressão de Paulo: *... tudo foi criado por ele e para ele. É antes de tudo e tudo nele subsiste* (Cl 1,16-17). Para o apóstolo Cristo é o princípio de toda a criação, a imagem do Pai invisível (cf. Cl 1,15)[20]. Mas esta imagem se mostra de modo paradoxal na cruz de Cristo. A glória do Pai criador resplandece na pessoa do Filho humilhado. O escândalo da cruz traz de volta a origem da criação, que exige do Pai sair de si mesmo para chegar à sua criatura e suplica do Filho que renegue a si mesmo, esvaziando-se no sacrifício da cruz.

A origem do mundo, revelada pela cruz, é um amor sacrificial. Cristo chega até nós pela força do Espírito Santo, dentro da criação marcada pelo pecado e pela morte, de modo que a criação inteira, vive em estado de tensão escatológica; esta geme e sofre dores de parto até que não seja libertada (cf. Rm 8,22). A dignidade e a majestade de Cristo, acima de toda a realidade criada se expressa em forma de confissão, e numa estrutura litúrgica proclamada em hinos.

O primeiro capítulo da Carta aos Colossenses sobretudo, no Hino apresentado em 1, 15-20, são aplicadas a Jesus máximas dos ensinamentos sapienciais judaicos para

---

[20] Ler e comentar todo o texto de Colossenses 1,15-20. Complete o aprofundamento com o autor, de la PEÑA, J. L. R., Teologia da criação, S. Paulo/ Loyola, 1989, sobretudo as pp.: 56 a 65.

comprovar que *Ele tem a primazia em tudo* (Cl 1,18). Esse primado se dá na ordem da criação natural e na ordem da recriação sobrenatural, que é a redenção. Jesus Cristo, portanto, *é a imagem do Deus invisível, o primogênito de toda a criação* (Cl 1,15).

Para falar um pouco sobre esta temática nos inspiramos nos Hinos Litúrgicos proclamados pelas comunidades de Paulo, onde encontramos uma ressonância que emerge lentamente, através de uma articulada reflexão na qual confluem, como num único fluxo de idéias e desafios, as muitas leituras e experiências que sustentaram a caminhada de fé das comunidades apostólicas e primitivas e tornaram possível a sistematização, da experiência de fé cristã[21].

O Hino que encontramos na Carta aos Filipenses, reflete muito o da Carta aos Colossenses. Detivemo-nos neste último, o da comunidade de Colossos. Ele nos fala de Cristo no centro de toda a criação e proclama o modo como a nova criação realiza a reconciliação de todos os seres, os da terra e os do céu e de como é inaugurada a Nova Criação com a encarnação de Cristo.

> Ele é a imagem de toda criatura, porque nele foram criadas todas as coisas, nos céus e na terra, as visíveis e as invisíveis, Tronos, Soberanias, Principados, Autoridades tudo foi criado por ele e para ele. Ele é antes de tudo e tudo nele subsiste. É a Cabeça da Igreja que é seu Corpo. É o Princípio, o Primogênito dos mortos, tendo em tudo a primazia, pois nele aprouve a Deus fazer habitar toda Plenitude e reconciliar por ele e para ele todos os seres, os da terra e os dos céus, realizando a paz pelo sangue da sua cruz (Cl 1, 15-20).

---

[21] Para todos os parágrafos, adotamos a tradução das Vozes de Petrópolis: Compêndio do Vaticano II: constituições, decretos, declarações, 1984.

Os destaques sublinhados, estão explicados no contexto da proclamação hínica, feita pela comunidade de fé, em suas reuniões celebrativas. Por isso, apresentaremos agora uma breve visão bíblico-teológica deste hino, na ótica da teologia.

## 2. *Contexto bíblico-teológico da Carta aos Colossenses*

Segundo os últimos estudos feitos, a comunidade de Colossas não foi evangelizada por Paulo. Seu representante, Epafras, trouxe-lhe informações pouco promissoras da caminhada de fé de seus membros: estão tendo sérias dúvidas que provêem de especulações do judaísmo, e fortemente influenciadas pela filosofia helenística que atribuíam aos poderes celestes o comando e o ritmo do cosmos, da natureza, da criação, comprometendo o lugar e a função de Cristo na criação divina, numa palavra, a supremacia de Cristo[22].

Ao ser alertado, Paulo responde com uma carta na qual organiza sua doutrina em função da resposta que deve dar à polêmica suscitada pelos membros desta comunidade. Paulo até assimila os poderes celestes – motivo de contenda e polêmica na comunidade - e os recoloca no seu devido lugar, que é o grande plano da salvação. Fala-lhes da nova ordem instaurada por Cristo - o *Kyrios,* o Senhor.

O primado de Cristo está colocado na ordem da criação natural e na ordem da nova criação. Por isso explica e precisa bem a extensão cósmica da obra de Cristo, a dilatação da obra da salvação pelo sangue da sua cruz. Tudo indica que, nesta insistência mais forte de Paulo à comunidade em crise, ele está falando de uma escatologia já realizada no presente com a vinda de Cristo morto-ressuscitado.

Em tal contemplação, muito bem expressa neste hino, de caráter quase litúrgico, o Corpo de Cristo na figura da

---

[22] Cf. VANNI, H., "La creazione in Paolo", in Rassegna di Teologia/5 (1995), p. 295-299.

Igreja, que deve estar atenta à dilatação cósmica da obra da salvação, a qual se dá na relação não só entre os humanos, mas com a natureza criada pelo Criador.

A exegese contemporânea, acentua o sentido verbo "criar" empregado em tempos diferentes e em dois momentos diferentes: no início deste hino litúrgico, *em Cristo foram criadas todas as coisas*; e logo a seguir a síntese, *tudo foi criado por Ele e para Ele*. Trata-se, como o contexto indica a relação, que existe do Cristo com a ação criadora de Deus. Esta inspira-se a Cristo como seu arquétipo e se trata do Cristo morto e ressuscitado. É uma afirmação que tem um alcance teológico muito grande, porque afirma Cristo como centro e referência de toda a criação.

O texto em seu conjunto, sugere que a ação de Deus se encontra inserida na realidade criada. As expressões verbais, "foram criadas" e "tudo foi criado", falam de Deus criador como agente, mas tem como sujeito toda a realidade criada enquanto resultado da ação criadora divina. Em todas as coisas criadas por Deus, encontra-se uma impressão, um traço, uma relação como que endógena, pode-se dizer, com Cristo. Tudo isso está tão marcante no coração do autor, que ele retoma, no fim da frase, o mesmo conceito do início, *tudo foi criado por Ele e para Ele*.

A característica mais forte do Deus criador com Cristo constitui o ponto de partida e de chegada de todo o movimento processual da criação divina. Todo este hino ilumina e mostra que a ação criativa de Deus se inspira em Cristo, Primogênito de toda a criação. Aparece mais clara então, a dimensão cosmológica, antropológica e soteriológica da criação.

O texto afirma ainda que, Cristo como ponto de partida, inspirador da ação criadora, é antes de todas as coisas, o que confere a elas uma coesão. O papel de Cristo na criação, portanto, compreende a força reconciliadora que deriva de seu mistério pascal, pois este é um dos aspectos inseparáveis entre Cristo e toda a realidade criada, pois Ele é o princípio, portador da plenitude realizada – *o pleroma* – ponto de chegada de todas as coisas.

### *3. A criação hospeda o mistério da encarnação*

A criação é motivo de louvor que se prolonga no Novo Testamento e atinge seu ponto alto quando assume nossa condição humana no mistério da encarnação. Instaura-se então, a nova ordem que consiste nesta afirmação: Cristo - o *Kyrios* - assume o serviço de presidir e harmonizar todas as coisas criadas por Deus com uma finalidade histórica que aponta para a vida de transcendência.

A teologia de Paulo dilata-se nas idéias de integrar, na obra de Cristo, toda a criação cósmica, porque Deus se torna visível em Cristo pela encarnação. Em Cristo, a ação criadora de Deus pôde manifestar-se e expressar-se através da carne humana e suscitar portanto, na história, *a Imagem do Deus invisível* (Cl 1,5).

Enfatiza a unidade coletiva construída em direção crística. Por antecipação, já somos revestidos da glória da cidadania futura, aquela que buscamos no presente. O universo é repleto da presença criadora de Deus e a plenitude de Cristo se comunica a nós. É nesse sentido que afirmamos a restauração de tudo em Cristo.

N'Ele fomos escolhidos antes da fundação do mundo (cf. Ef 1,4). Se fomos escolhidos significa dizer que nós também nos sentimos chamados a dar uma resposta como criaturas: tudo vem d`Ele e a Ele tudo deve conduzir. Cristo é antes de tudo, porque é o fundamento contínuo da permanência da criação no ser e na existência (cf. Cl 1,17). A presença criadora de Deus enche o universo e esta plenitude se comunica e se difunde em cada ser vivo ou inerte. É só na perspectiva cristocêntrica que se revela o sentido e a finalidade da criação, segundo o projeto de Deus sobre o mundo e sobre a humanidade.

Nesta perspectiva é possível repensar sob nova luz, o encontro entre ser humano e natureza, entre criação e salvação, entre escatologia e protologia[23]. A criação tem como único sujeito Deus, faz parte da história salvífica, em toda a sua extensão: esta passa através das vicissitudes da história do povo de Israel; passa pela missão dos profetas que emprestam sua boca e sua voz a Javé, para lembrar ao povo eleito o plano de Deus, que criara todas as coisas e as planejara (cf. Is 22,11), para que seu povo com elas se relacione e realize plenamente a adoção de filhos e filhas desse Deus criador, para o louvor e glória da Graça trazida por Cristo (cf. Ef 1,5s). A criação divina, portanto, passa pelo mistério pascal do Cristo que se faz Graça Encarnada.

Fonte e modelo da filiação divina, é portanto, Jesus Cristo, Filho Único do Pai (cf. Rm 8,29). Todas estas etapas da criação em seu sentido histórico, chegam mais próximas de nós, não só através de Cristo, mas através também da experiência da comunidade dos crentes (cf. At 4-5)[24] - as comunidades apostólicas e primitivas - e da relação de cada ser humano com a criação plasmada pelo Senhor do Sábado porque foi neste dia que o ser humano foi criado como coroamento da criação.

Em tal concepção e em tal contexto bíblico, descobrimos que um dos desafios que levanta questões ligadas à teologia da criação e que provoca novas tomadas de posição, diante da prática pastoral, é a questão da relação que o ser humano

[23] Cf. KEHL, M., E Dio vide che era cosa buona. Uma teologia della creazione, Brescia: Queriniana, 2009, p. 114ss.

[24] Cf. COLOMBO, G., "Creazione", in Nuovo Dizionario di Teologia, Milano: Paoline, 1985, p. 185ss.

teve ao longo dos milênios, dentro dos séculos e está tendo no nosso tempo, com todos os seres que Deus criou para sustentar a vida humana e divina com que ele plasmou tudo o que existe e tudo o que tem vida.

O primeiro parágrafo do capítulo VII da *LG*, acena diretamente, para o aprofundamento de uma teologia da criação que responda, adequadamente, aos desafios que a relação humana, para com a criação em seu sentido estrito e mais largo, tem levantado, nos tempos modernos, uma relação que coloca em risco a sustentabilidade da própria vida como dom de Deus.

> (48/128). A Igreja para a qual somos chamados em Cristo Jesus e na qual, pela graça de Deus adquirimos a santidade, só se consumará na glória celeste, quando chegar o tempo da restauração de todas as coisas (cf. At 3,21). E com o gênero humano, também o mundo todo, que intimamente está ligado com o homem e que por ele chega ao seu fim, será perfeitamente restaurado em Cristo (cf. Ef 1,10; Cl 1,20; 2Pd 3,10-13)[25].

A criação que Deus plasmou com sabedoria e amor, deu a ela uma autonomia e uma vocação a um serviço, ligados e interligados com tudo aquilo que tem vida fecundada para o todo. Cada ser vivo é um universo com sua teia de vitalidade, que se faz multi-universo com todos os seres vivos. Estes constituem o universo que conhecemos e com os quais entramos em relação como criação viva plasmada pelo Criador.

Neste ponto consideramos a palavra "criação" um termo teológico, em seu sentido protológico e em seu sentido

[25] Para todos os artigos citados no texto deste livro, adotamos a tradução das Vozes de Petrópolis: Compêndio do Vaticano II: constituições, decretos, declarações, 1984.

histórico[26], aberto à plenitude de vida; todas as coisas foram criadas em Cristo, e a Ele é dado o primado da criação como louvor do Criado. É o que vamos refletir e assimilar para a nossa fé o parágrafo a seguir.

### *4. O louvor do Criador é a Nova Criação*

O movimento do Espírito na criação, nos leva a adotar um critério regulado pela exigência de que se respeite a estrutura de uma forma cristã de pensamento sobre a criação do ser humano e de todas as coisas que a ele são referentes. Esta estrutura manifesta a vida de relação de toda a criação e fala de Deus como Comunidade relacionada na riqueza da diferença.

A experiência da Nova Criação, dinamicamente, projetada em direção à consumação final, da qual o Ressuscitado é antecipação como Primogênito dos mortos, remete aos inícios da criação que se dá em Cristo, qual Primogênito de toda a criação.

Diante desta afirmação, não podemos correr o risco de reduzir a teologia da criação a um cosmocentrismo a-histórico ou a um antropentrismo acósmico. E para salvaguardar a sua autêntica compreensão cristã, se impõe sempre mais, a exigência de um recentramento cristológico trinitário. É ainda o capítulo sétimo da LG que endossa esta abertura da teologia da criação, quando afirma:

> (48/129) ... a prometida restauração que esperamos já começou em Cristo, é levada adiante na missão do Espírito Santo ... enquanto, com esperança nos bens futuros, levamos a termo a obra entregue a nós no mundo, pelo Pai.

---

[26] Cf. ESSER, H., "Creazione", in Dizionario dei Concetti Biblici del Nuovo Testamento, Bologna: Dehoniane, 1991, p. 391ss.

Na medida em que a teologia da criação evolui, separadamente, de uma *forma cristã de pensamento*, a qual deve estar centrada no evento cristológico trinitário, se expõe a desequilíbrios, que podem levá-la à assimilação de determinadas pré-compreensões culturais, ora de tipo cosmocêntrico, ora de tipo antropecêntrico. Os resultados para a teologia passam a ser redutivos.

Por isso, é bom lembrar dois modelos que continuam influenciando a nossa teologia nos dias de hoje, e que devem ser, cuidadosamente, evitados.

### *5. O modelo cosmocêntrico*

O predomínio do modelo cosmocêntrico do pensamento, pode levar a teologia da criação sobretudo, para o lado da questão da origem das coisas, prescindindo da perspectiva histórica do destino do mundo e do ser humano - escatologia, vida em Deus. Uma tal teologia, que parece ser respeitosa da criação, mas, na realidade acabou por fazer da criação um ponto absoluto de perfeição e de início do caminho sistemático da teologia, pospondo a essa, a questão da salvação, definida como um capítulo sucessivo à História da criação, vista como realidade já consumada, na sua consistência inicial. Vejamos um estudo que afirma:

> No princípio era Deus, o Criador e a sua criação, tudo era bom e perfeito. Como entrou o pecado na criação divina, estragou tudo e a redenção de Cristo então, nada mais é do que a volta ao estado primitivo da criação boa e originária - *restitutio in integrum*[27].

[27] Cf. BOFF, Lina, "Reconciliar vida humana, ambiente e evolução: uma perspectiva da teologia da criação", in Pistis & Práxis, número 2, julho/dezembro (2009), p. 319ss.

Se compreendermos a redenção deste modo, a partir da criação inicial narrada pelo livro do Gênesis, se tem uma compreensão protológica da escatologia[28]. No fim, será novamente como no princípio da criação. Uma teologia cosmocêntrica não está em grau de colher, a originalidade própria da visão cristã da criação.

A teologia que deriva do modelo cosmocêntrico, se apresenta limitada, antes de tudo, do ponto de vista geral da concepção bíblica, pela qual a idéia da criação não é definida como sistema fechado em si, perfeito e suficiente a si mesmo; mas é guiada por aquela compreensão histórico-salvífica em que a escatologia regula a experiência da fé na mesma obra criadora e criativa de Deus.

Uma tal teologia é ainda mais redutiva, do ponto de vista néo-testamentário, no qual a doutrina mesma da criação, na Escritura antiga, é interpretada e re-compreendida radicalmente, à luz da cristologia[29]. A vinda de Cristo ficaria reduzida a uma criação colocada depois da narrativa do Antigo Testamento e nada mais.

### *6. O modelo antropocêntrico*

Nesta concepção deve-se levar em conta duas vertentes que influenciaram, e podem ainda estar influenciando o nosso modo de fazer teologia. A primeira vertente é a conhecida virada da cultura antropocêntrica, que evidenciou e continua evidenciando aspectos importantes da teologia da criação, incluindo a categoria da história.

Ao incluir a categoria da história, esta virada antropocêntrica, não conseguiu explicitar a novidade trazida pela Bíblia, em seu quadro geral, e particularmente, na

---

28 MOLTMANN, J., Futuro della creazione, Brescia. Queriniana, 1980, p. 130

29 MILANO, A., "Analogia Christi. Sul parlare in torno a Dio in uma teologia cristiana", in RivTeol/1, (1990), p. 45.

perspectiva cristã. Esta teologia afirma a concepção de que, precisa manter o ser humano no centro da visão do mundo. Tal visão se defronta com a fé bíblica na criação.

Todavia, o período moderno e o nosso século, levaram em consideração que, uma parte do pensamento teológico foi muito enfatizada por uma pré-compreensão cultural daquele modelo antropocêntrico próprio de uma subjetividade humana fechada em si mesma.

Houve, sim, um esforço da teologia de pensar a dimensão racional e espiritual da pessoa humana a partir do Deus Trino como fundamento originário e transcendente da história da salvação[30], mas não foi suficiente.

A partir de Descartes, a pessoa humana tem como primado a subjetividade transcendental da própria consciência, abrindo o caminho daquele subjetivismo que a isola e a fecha em si mesma, pois divide todas as coisas criadas, inclusive a pessoa humana, em "pedacinhos". Tem como conseqüência, a redução da realidade criada, à esfera ideal da consciência. É o momento histórico em que o cosmo é colocado no horizonte do ser humano e não mais o homem no horizonte do cosmo[31]. Conclui-se então, que são redutivos os êxitos de uma teologia da criação abstrata que a coloca distante do horizonte cristocêntrico.

A segunda vertente que influenciou a teologia da criação, e continua influenciando hoje, é o subjetivismo exagerado que atingiu de cheio o modelo antropocêntrico. Temos então, o antropocentrismo subjetivo. Se o predomínio do cosmocentrismo coloca em perigo a identidade e a emergência do ser humano com relação à natureza, o antropocentrismo subjetivo, reduzindo a pessoa humana a si mesma, fecha-a

---

[30] Cf. RAHNER, K., *Mysterium Salutis*/III, Petrópolis: Vozes, 1979, p. 419s.

[31] Cf. AUER, A., "Interpretazione teológica dell`antropocentrismo", in, Ética Teologica, Brescia: Queriniana, 1987, p.208-209.

em um processo repetitivo ainda mais insidioso[32]. Por que? O ser humano perde o verdadeiro sentido da história que não é só construção do sujeito, mas que implica a imprescindível mediação do ser humano e do cosmo.

Na realidade, a pessoa humana, que por ser livre, leva a cumprimento a palavra da criação, deve mover-se entre o sentido global do mundo como universo, como sistema aberto, pois, é neste ambiente vital que deve descobrir seu lugar de agente que efetiva a palavra de criação do Deus criador[33]. É assim que o ser humano integrado na criação, se protege das várias formas de arrogância antropocêntrica, até mesmo da interpretação bíblica da criação que afirma: ... *enchei a terra e submetei-a, dominai-a...* (cf. Gn 1,28).

### *7. De tudo irrompe o sentido profundo do sábado*

Em contexto do Decálogo, Deus Criador nos faz compreender que, o coroamento da criação não é o ser humano, mas o sábado[34].

> Lembra-te do dia do sábado para santificá-lo. Trabalharás durante seis dias e farás toda a tua obra. O sétimo dia, porém, é o sábado de Javé teu Deus .... Porque em seis dias Javé fez o céu, a terra, o mar e tudo o que eles contêm, mas repousou no sétimo dia.... (Êx 20,11).

---

[32] Cf. BERZOSA, R., Come era en el principio. Temas claves de antropologia teológica, Madrid, 1996, p. 36ss.

[33] Cf. AUER, A., "Interpretazione teológica dell`antropocentrismo", o.c., 219.

[34] Porque em seis dias Javé fez o céu, a terra, o mar e tudo o que eles contêm, mas repousou no sétimo dia; nesse dia Javé santificou o dia do sábado, pois nesse mesmo dia ele fez uma aliança eterna com toda a criação (cf. Êx 20,11), como sinal perpétuo entre Javé e os filhos de Israel (cf. Ex 31,17). Faça também um cf. MOLTMANN, J., Dio nella creazione. Dottrina ecológica della creazione, Brescia: Queriniana, 1986, p. 46.

Não só o ser humano, mas todas as coisas criadas por Deus, celebram o sábado. espírito legalista que transformou a alegria deste dia numa observância sem sentido, da qual Jesus libertou seus discípulos e discípulas.

Quando, por exemplo, curou a mulher encurvada à porta do templo e lhe ordenou que entrasse e fizesse sua prece como filha de Abraão (cf. Lc 13,10ss). Quando libertou seus discípulos da fome, mandando-os comer as espigas arrancadas; e criticado por esta ação, Jesus se coloca como o Senhor do sábado (cf. Mc 2,27s). E assim por diante.

O sábado atualiza a aliança que Javé faz com toda a criação que tem como ponto culminante a criação do homem e da mulher, chamados a criarem as melhores condições de relação com tudo o que Deus criou e plasmou, no amor e na liberdade de sua onipotência.

A excelência do sábado, não desclassifica, não diminui o valor central do ser humano no mundo: *O sábado foi feito para o homem....* (Mc 2,27), mas deve-se considerar o sábado do Deus Criador e interpretá-la em relação a Cristo, Senhor do sábado.

Com a vinda de Cristo no meio de nós, humanos, abre-se o tempo sabático que é a atualização da senhoria de Deus no Mundo como tempo de misericórdia: *quero misericórdia e não sacrifício...* (Mt 12,7). O ser humano pode considerar-se *o sábado de Deus.* A dimensão sabática que atravessa toda a criação, enquanto espelho da glória de Deus, se concentra no ser humano criado à sua imagem e semelhança (cf. Gn 1, 26-27).

Pode-se concluir afirmando que, seja a criação do ser humano como a criação de todas as coisas que existem, impõem a necessidade de pensar de forma unitária, criação e História da salvação, ontologia criativa e soteriologia narrativa[35].

---

[35] Cf. BORDONI, M., "L`orizzonte cristocêntrico della creazione in relazione

A tensão criada entre Palavra de criação e Palavra de salvação, não deve impedir a unidade existente entre a verdade da criação que se faz verdade histórica, em Jesus Cristo.

Deve-se tomar, portanto, como ponto de partida, elaborar uma teologia da criação segundo a tradição dos textos do Novo Testamento, os quais interpretam o Antigo, respeitada a devida autonomia de cada Testamento, que acolhe e transmite a revelação recebida na tradição da única fé apostólica.

## IV. Para uma teologia cristocêntrica da criação

A renovação do mundo cósmico foi decretada, e, de um certo modo, antecipada na humanidade (cf. LG 48/130). A comunidade de fé traz estes sinais da santidade, de forma imperfeita ainda, na sua caminhada terrena,

> Contudo, até que houver novos céus e nova terra, nos quais habita a justiça (cf. 2Pd 3,13), a Igreja peregrina leva consigo, nos seus sacramentos e nas suas instituições, que pertencem à idade presente, a figura deste mundo que passa ... e ela mesma vive entre as criaturas que aguardam a manifestação dos filhos de Deus (cf. Rm 8,22).

Esta citação da escatologia do Vaticano II, nos leva a formular uma teologia cristocêntrica da criação, que coloca em evidência esta exigência: que se respeite a estrutura de uma *forma cristã de pensamento*, evitando formulações puramente racionais e uma compreensão genética do mundo de tipo científico[36]. Esta teologia passa ao coração

---

alla questione della sua visione antropocentrica", in Rassegna di teologia/5 (1994), p. 528ss.

[36] Recomenda-se a leitura de dois artigos da autora publicados em parceria com

do evento cristológico, como lugar hermenêutico, no qual se revela, escatologicamente, o significado da História salvífica e da obra criadora de Deus.

A dinâmica de uma forma cristã de pensamento sobre a criação, aparece regulado pela experiência cristã presente da vida nova como vida trinitária, doada em Jesus Cristo, Crucificado Ressuscitado pela força do Espírito. É a experiência da Nova Criação dinamicamente projetada para o futuro escatológico, a qual re-envia ao seu início – à protologia. O Ressuscitado é antecipação como Primogênito de toda a criação (cf. Cl 1,15), pois assim afirma o Vaticano II:

> ... a prometida restauração que esperamos já começou em Cristo, é levada adiante na missão do Espírito Santo ... enquanto, com esperança nos bens futuros, levamos a termo a obra entregue a nós, no mundo, pelo Pai. Pois, já na terra a Igreja é assinalada com a verdadeira santidade, embora ainda imperfeita (*LG* 48/130) (*LG* 48/130).

O sujeito dessa escatologia é a própria comunidade eclesial para a qual somos chamados em Cristo que é o *sêmens mulieris* [37]da primordial Promessa em que o gênero humano é chamado à salvação desde Adão até os antigos Patriarcas, na esperança do Redentor que vem.

### *1. A identidade trinitária da criação*

As Três Pessoas da Trindade atuam em favor da criação plasmada pelo Pai, pois só a Ele é atribuída toda a criação. Esta é restaurada em Cristo, significa dizer que, o Espírito de

---

MORAES, Eva R. de, in Atualidade Teológica/27 (2007) e 29 (2008), sobre "A concepção de vida em Gregório de Nissa" (I e II partes), p. 317-341 e 137-168, respectivamente.

[37] Cfr. Gn 3,15; Gl 4,4; Apoc 12, 1-10.

Deus entra em todas as dimensões da criação viva e inerte e é esta criação que é entregue a nós, pelo Pai.

Partimos de Cristo que leva adiante a criação pelo impulso do Espírito, para se pensar uma teologia da criação aberta à escatologia. Tal pensamento comporta a exigência de superar uma orientação cristomonista caracterizada pela redução de seu horizonte teológico-trinitário, como também o drama histórico da liberdade humana.

De fato, o cristocentrismo, toda vez que perde o sentido da dimensão cristocêntrico-trinitária da revelação, compromete a valência teológica da criação mesma, como afirmavam os padres da Igreja. Em seu tratado sobre o Espírito Santo, Basílio afirma: O Pai é o motivo que antecede; o Filho o motivo que cria; o Espírito o motivo que leva ao cumprimento[38].

Na identidade trinitária está o fundamento da criação como realidade em evolução que cria a história salvífica até o evento supremo desta história: a encarnação de Cristo, sua cruz, e ressurreição. A posição do ser humano nesta evolução da teologia da criação, é a de ser uma pessoa aberta e dialogante com seu Criador que a interpela.

É deste diálogo feito na liberdade, que nasce e se constrói a História da salvação. Por isso, a obra criadora e criativa de Deus, entra em tensão com a resposta de fidelidade ou infidelidade do ser humano com o drama histórico do pecado. Esta resposta encontra, no evento da encarnação, o momento culminante, no qual o Projeto de Deus atinge sua realização, e o drama do ser humano encontra a sua solução.

Chega-se assim à elaboração de uma teologia que ilumina não só o valor cósmico da criação, mas o valor antropocêntrico

---

[38] Faça um cf. com "Basílio", suas obras: ao escrever seu tratado sobre o Espírito Santo, in Dicionário Patrístico e Antiguidades Cristãs, S. Paulo: Paulus, 2002, p. 215ss; "Sobre o Espírito Santo", 31d, PG 32. 136.

que estabelece uma relação criativa do ser humano para com todos os seres criados por Deus. Pois, o ser humano, intimamente, ligado a toda a criação e ao cosmo, tanto um quanto outro, serão, perfeitamente, restaurados em Cristo. Temos então a Nova Criação em Cristo, vivido e interpretado, no Espírito, pelas comunidades apostólicas e primitivas

## 2. A experiência das comunidades apostólicas

Estas fazem a experiência fundante da fé no Cristo Ressuscitado, dentro de um horizonte escatológico. O horizonte escatológico, remete ao ponto de partida do discurso teológico sobre a Nova Criação, inaugurada pelo ressuscitado. A cristologia elaborada pela experiência das comunidades apostólicas e pelas que se sucedem evidencia o agir criador de Deus.

Tal evolução parte da experiência pascal projetada em direção à parusia[39], para remontar ao horizonte protológico, como primeiro momento de livre projeção e realização do propósito originário divino, revelado na primeira criação.

O Ressuscitado, celebrado e atualizado nas primeiras comunidades, é a origem que não pode suprimir a atuação da benevolência do Pai *(eudokía)*, que recapitula[40] tudo

---

[39] Sugere-se a leitura da Spe salvi – Sobre a Esperança cristã -, encíclica do atual pontífice, publicada pela Paulus/Loyola, 2007. Em forma de catequese assim se expressa em 12/11/2008: Cristo entregou-nos seus talentos. "Por isso, nossa atitude é: responsabilidade para com o mundo, para com os irmãos diante de Cristo, e ao mesmo tempo também certeza de sua misericórdia. Ambas as coisas são importantes. Não vivemos como se o bem e o mal fossem iguais, porque Deus só pode ser misericordioso. Isso seria um engano. Na realidade, vivemos em uma grande responsabilidade. Temos os talentos, temos de trabalhar para que este mundo se abra a Cristo, seja renovado. Mas inclusive trabalhando e sabendo em nossa responsabilidade que Deus é o juiz verdadeiro, estamos seguros também de que este juiz é bom, conhecemos seu rosto, o rosto de Cristo ressuscitado, de Cristo crucificado por nós. Por isso podemos estar seguros de sua bondade e seguir adiante com grande valor"

[40] Em grego "recapitulação" quer dizer *anakephaláiosis*, termo que, na sua forma

n'Ele. É n`Ele, e em vista da sua encarnação, da sua cruz e ressurreição, que o Pai, desde o início, diz a Palavra criadora e salvífica do mundo e do ser humano, orientada para o cumprimento da transfiguração plena, o evento escatológico que abre para a eternidade.

> (48/129) Cristo levantado da terra, atraiu todos a si todas as coisas (cf. Jo 12.32). Ressurgindo dos mortos (cf. Rm ,.6,9), enviou aos discípulos o seu vivificante Espírito, e por ele constituíu seu Corpo, que é a Igreja, como sacramento universal da salvação ... opera, continuamente, no mundo para conduzir toda a humanidade à Igreja e por ela ligá-la a si e fazê-la participante da sua vida gloriosa.

O momento central do discurso cristocêntrico da Nova Criação, portanto, é o momento pascal da vida-morte-ressurreição de Cristo. Este evento é considerado, não só como a hora conclusiva da existência terrena de Jesus, quanto a estrutura que revela todo o sentido pascal do evento cristológico da encarnação, à luz da qual adquirem sentido, os múltiplos títulos e modelos cristológicos do Novo Testamento[41], dentre os quais destacamos alguns, como o "Primogênito de toda a criação", o "Senhor", *o Kyriós,* o "Cristo Jesus", o "Ungido do Pai".

A partir da experiência pascal da comunidade de fé, se tomou consciência de quanto o mistério trinitário divino

verbal se refere a Cristo que traz ao mundo a unificação de todas as coisas, tudo chega à unidade com a vinda de Cristo, isto é, tudo será salvo n`Ele. Na linha desta compreensão, certos Padres da Igreja, como Santo Irineu (+ ou - 130) apresentaram Cristo como Cabeça da Igreja que leva à realização do Plano de Deus na criação e na história da redenção (Cf. Ef 1,10).

[41] Textos principais: 2Cor 5,17; Gl 6,15; Rm 6,6; Cl 3, 9-10 e outros. Veja-se também a conferência de BORDONI, M., "L`orizzonte cristocêntrico..." , em que cita o autor REY, B., Créés dans le Christ Jésus. La créatios nouvelle selon St Paul, Paris, 1966.

foi envolvido na sucessão das coisas dolorosas e exaltantes de Jesus de Nazaré:

> Se aceitamos o testemunho dos homens, o testemunho de Deus é maior. Pois este é o testemunho de Deus: testemunho que deu de seu Filho. Aquele que crê no Filho de Deus tem este testemunho em si mesmo. Aquele que não crê em Deus, faz dele um mentiroso, porque não crê no testemunho que Deus deu em favor de seu Filho (1Jo 4, 9-10). Mas também se conheceu quanto este envolvimento tenha determinado aquele da humanidade e do mundo, realizando uma nova condição de existência humana e mundana que chamamos de Nova Criação Esta realiza o projeto originário *(mysterion)* da livre vontade da auto-comunicação trinitária de Deus e da elevação do ser humano à participação a este dom em Cristo: Nele, (em Cristo), ele nos escolheu antes da fundação do mundo, para sermos santos e irrepreensíveis diante dele no amor. (cf. Ef 1,4). Unidos a Ele, não só na solidariedade da natureza como sistema aberto, mas também na unidade do mesmo Espírito: *Pois todos fomos batizados num só Espírito para ser um só corpo: judeus e gregos, escravos e livres, todos bebemos de um só Espírito* (1Cor 12,13).

Por isso, a experiência pascal da Nova Criação em Cristo, se por um lado conota uma referência ao envelhecimento da inicial obra criadora do Pai, por motivo da infidelidade humana – o pecado - por outro lado, não pode restringir esta graça ao pecado e menos ainda a uma reconciliação do Pai com a humanidade. A Comunidade do amor trinitário – Deus Pai, Deus Filho e Deus Espírito Santo, atuam na criação toda.

### *3. Deus se faz Comunidade de reconciliação*

Esta reconciliação vem pelo Espírito de Deus, que põe em movimento a obra do Criador e cria a comunidade de fé[42]. O evento da encarnação traz consigo a irrupção do Espírito, que, na história salvífica, não se fecha num presente temporal, mas realiza a promessa eterna que entra no tempo.

Assim, o Espírito que suscita, no coração da humanidade redimida, o gemido que se dirige ao cumprimento da adoção filial (cf. Rm 8,23), é ainda o mesmo Espírito que suscita a espera impaciente da criação toda, pela revelação dos filhos e filhas de Deus em vista da sua completude (cf. Rm 8, 19-22).

O Espírito se encontra já no início de tudo, como narra o livro do Gênesis, em que diz, o Espírito de Deus pairava sobre as águas, quando Deus criava o céu e a terra (Cf. Gn 1,2). Esse Espírito perpassa toda a criação, movimenta todos os pontos de mutação do cosmo até na sua mais perfeita expressão, que é o Espírito divino que toma forma em tudo, e que chamamos de Espírito Santo.

O cosmo como um todo, é criação do Espírito; o mundo material por nós considerado inerte, é movido no Espírito e pelo Espírito; a criação toda é penetrada em todas as suas energias. Como pessoas humanas, somos portadoras do espírito humano que se origina do Espírito divino, porque nos abrimos à comunicação, à inventividade e ao serviço ao próximo. É por esse espírito que nos abrimos ao Espírito de Deus que nos santifica e nos enriquece com seus dons e graças.

A nossa comunicação e abertura a Deus, como sentido profundo da vida, é feita pelo espírito humano que trazemos dentro de nós. E é o espírito humano que nos leva à comunicação com o Espírito divino, ou

---

[42] Cf. BOFF, Lina, Espírito e Missão na obra de Lucas-Atos. Para uma teologia do Espírito, S. Paulo: Paulinas, 2003, p. 153-160.

o Espírito Santo, Espírito de Luz. Esse Espírito define a identidade de Deus que se revelou em Jesus Cristo, na nossa condição humana.

O Espírito Santo não é uma realidade criada pela nossa imaginação, mas uma realidade divina que nos leva a fazer a experiência da comunhão com Deus e com toda a criação plasmada por Ele. O Espírito Santo é uma Pessoa que se relaciona e nos abre a todas as coisas que nos identificam com o Deus Criador, e do Deus redentor, em Jesus Cristo.

Na luz trinitária do evento cristológico, o Espírito é o escatológico em Deus[43], não só enquanto funda a abertura do amor trinitário de Deus em direção ao ser humano. Mas também quando o ser humano se abre para a plenitude do Espírito que habita a criação. Esse ato de abertura ao Espírito, intensifica ainda mais a esperança que está em nós, porque não só nós humanos, mas a criação inteira, suplica ao Espírito que socorra a nossa fraqueza (cf. Rm 8,22.26).

No âmbito da criação, o ser humano é concebido como criatura primordial por ser dotado de liberdade, consciência e espírito[44]; por ser livre, leva a cumprimento a palavra da criação; por ter consciência de seus atos, se protege das várias formas de arrogância antropocêntrica, até mesmo da interpretação bíblica da criação: ... *enchei a terra e submetei-a, dominai-a...* (cf. Gn 1,28); finalmente, por ter seu espírito aberto ao Espírito Criador do Pai, busca o sentido perdido da profundidade da vida e descobre seu lugar no mundo criado[45].

---

[43] Cf. MOLTMANN, J., O Espírito da Vida. Uma pneumatologia integral, Petrópolis: Vozes, 1999, p. 101.

[44] Cf. BOFF, L., Ecologia grito da terra, grito dos pobres, S. Paulo: Ática, 1995, p. 248ss.

[45] Cf. AUER, A., "Interpretazione teológica dell`antropocentrismo", in Ética ecológica, Brescia, 1987, p. 208-209.

Se a *doxa* divina se concentra, de modo primordial, na criação do homem e da mulher à sua imagem e semelhança (cf. Gn 1, 26-27), esta afirmação passa pela consciência que vem do Espírito, e pela prática que exige do homem e da mulher uma ação inderrogável: a do seguimento de Jesus Cristo que fez bem todas as coisas, e recriou o antigo projeto salvífico do Pai, único Criador de todas as coisas, que armou tenda entre nós, na pessoa de Jesus Cristo.

## V. Considerações práticas

A doutrina bíblica da criação, tanto do Novo como do Antigo Testamento, não tem motivações e interesses cosmológicos, mas sim teológicos e soteriológicos. Os escritos bíblicos querem dar testemunho da fé do povo na ação salvadora e criadora de Deus no mundo e para além do mundo. Querem ainda louvar a esse Deus por seu cuidado com todas as criaturas.

A crise ecológica de sobrevivência, cada vez mais aflitiva e que está conferindo à doutrina da criação, em curto espaço de tempo, grande atualidade, tem como objetivo primeiro, despertar a consciência humana para a obra criadora do Supremo Criador.

Este despertar pode ser assimilado e praticado no nosso dia-a-dia. Motiva-nos a ter uma atitude humana diante de todas as coisas criadas e uma concentração de comportamentos éticos no trato com elas.

Tudo isso deve ser alimentado por uma abertura para a interdisciplinaridade do nosso conhecimento racional, através de parcerias, intercâmbios de saberes e diálogos competentes, da teologia com as outras ciências. Caminhar juntos nos parece a exigência do momento. Trata-se de

---

Cf. TILLICH, P., Teologia Sistemática, S. Leopoldo: Sinodal, 2000, pp. 458s.

consolidar e preservar os bens materiais em vista dos valores que dizem respeito à pessoa humana como um todo, sejam eles materiais ou espirituais e celebrativos, da criação da qual fazemos parte. Foi assim que Deus se acercou de nós, fez-se um de nós, para nos dar o sentido espiritual de sua encarnação.

Cabe a cada um e a todos, efetivarmos uma mudança radical da consciência e do comportamento, sem os quais, a superação da crise é inconcebível. O tempo presente nos interpela e nos impulsiona ao compromisso em todas as dimensões da nossa vida, seja no âmbito político, social, cultural, religioso e, sobretudo no grande espaço de solidariedade que nos cabe ocupar, sobretudo para com as massas excluídas e deletadas do planeta-terra.

A fé que celebra passa pela consciência que se tem da origem primeira de todas as coisas; se expressa no rito que manifesta as realidades silenciosas da fé e envolve todo o ser humano e o cosmo, seja através de uma linguagem verbal ou mesmo não verbal.

No processo de reconciliar a vida humana com seu ambiente e a evolução que caracteriza todos os seres criados, de modo primordial o homem e a mulher, o momento da ação salvífica do Deus Criador de tudo o que existe, se faz presente num rito que constitui a religião na qual a fé se expressa.

O cristianismo, portanto, nasce desses conteúdos brevemente, aqui apresentados e que, celebrados, fazem da teologia o ato mais profundo e sincero de louvação a Deus Pai, Criador de tudo, a Deus Filho, Salvador da humanidade, e a Deus Espírito Santo, Vivificador de todas as coisas. Neste quadro, o cristianismo estará certamente em grau de fundar uma ética ecológica sem, porém, esgotar-se nela. E mesmo porque, a ética que nasce tendo Cristo como Alfa e Ômega da criação do Pai, pela ação do Espírito Santo, está fundada sobre a esperança da ressurreição última.

Um futuro verdadeiramente novo, só pode ser acolhido, confiando-nos, entregando-nos à contingência de frágeis, provisórias, mas reais antecipações interpretadas à luz da fé bíblica e não à dialética e à potencialidade de uma mítica *natura mater.* Como filhos e filhas de Deus, aguardamos, na fé-esperança, o futuro querido pelo Criador de todas as coisas.

## Bibliografia complementar

AA.VV. "Il corpo alla prova dell`antropologia cristiana", in Associazione Teológica Italiana (ATI), Fórum Ati 4, Milano, 2007.

---. "Futuro del cosmo, futuro dell`uomo", in et alii, Padova: Messaggero, 1997.

---. "La creazione. Oltre l`antropocentrismo?", in et alii, Padova: Messaggero, 1993.

---. "Universalitá del Cristianesimo", in Pontifícia Facoltá dell`Itália Meridionale, Torino, 1996.

BERZOSA, R. Como era em el principio. Temas claves de antropología teológica, Madrid: San Pablo, 1996.

BLANK, R. e VILHENA, M. A., Esperança além da Esperança, Madrid: Siquem, 2001.

BLANK, R. J., Nossa vida tem futuro. Escatologia cristã - 1, S. Paulo: Paulus, 1991.

---, Nosso mundo tem futuro. Escatologia cristã - 2, S. Paulo: Paulinas, 1993.

---, Escatologia do mundo. O projeto cósmico de Deus, S. Paulo: Paulus, 2001.

BOFF, L., O Evangelho do Cristo Cósmico. A realidade de um mito. O mito de uma realidade, Petrópolis: Vozes, 1971

---, Ecologia grito da terra, grito dos pobres, S. Paulo: Ática, 1995.

---, Ética da vida, Brasília: Letraviva, 1999.

---, A Trindade, a Sociedade e a Libertação, Petrópolis: Vozes, 1986.

BOFF, Lina, "Da protologia à Escatologia", in Perspectivas para uma nova Teologia da Criação, Ivo Müller (org.), Petrópolis: Vozes, 2003, pp. 11-130.

---, "Spe salvi e Vaticano II", in REB, fasc. 271, julho (2008), pp. 653-670.
---, "Índole escatológica da Igreja peregrinante", in Atualidade Teológica, fasc. 13 (2203), pp. 9-31.
BOFF, Lina e MORAES, Eva Aparecida de "A concepção de vida em Gregório de Nissa: ensaio de aproximações com as ciências da vida" (parte II), in Atualidade Teológica, fasc. 29 (2008), pp. 137-168.
COMBLIN, J., Antropologia cristã, Petrópolis: Vozes, 1990.
HAFFNER, P., Il mistero della creazione, Cittá del Vaticano, 1999.
LA DUE, W., O guia trinitário para a escatologia, S. Paulo: Loyola, 2007.
MARTOS, S. dos, Esperança cristã e futuro do homem. Doutrina escatológica do Concílio Vaticano II, Porto, 1987.
MOLTMANN, J., Teologia da Esperança. Estudos sobres os fundamentos e as conseqüências de uma escatologia cristã, S. Paulo: Loyola, 2005.
---, O Espírito da Vida. Uma pneumatologia integral, Petrópolis: Vozes, 1999.
MURATORE, S., "Oltre l`antropocentrismo cosmológico", in La creazione l`uomo, Padova: Messaggero, 1992, pp 244-258.
REIMER, H. e da SILVA, V. (orgs.), Libertação, Liberdade. Novos Olhares, Associação Brasileira de Pesquisa Bíblica, em seu II Congresso Brasileiro de Pesquisa Bíblica, pela Universidade Católica de Goiânia e Oikós, 2008
TERRIN, A. N., "Dio nella New Age, e nella sensibilitá contemporânea", in Dio, Mondo, Natura, Padova: Messaggero, 1991, p. 139-146.
TILLICH, P., Teologia Sistemática: A existência e o Cristo, São Leopoldo: Est e Sinodal, 2005. TRIGO, P., Criação e História, Petrópolis: Vozes, 1988.
RODRIGUES da CRUZ, E., A Dupla Face: Paul Tillich e a ciência moderna. Ambivalência e Salvação, São Paulo: Loyola, 2008.

# PARTE QUARTA

## A FÉ NA IGREJA PEREGRINA E NA IGREJA CELESTE

### I. A Igreja escatológica do Vaticano II e seu desenvolvimento

Essa última parte do livro pretende balbuciar alguma coisa sobre a verdade da fé que acreditamos com o nome, **Comunhão dos santos.** Para isso convém deixar claras algumas concepções dessa verdade da fé que conhecemos como:

> A Igreja peregrina,
> A Igreja celeste
> Numa só Igreja

O capítulo VII da Lumen gentium, fala da índole escatológica da vocação da Igreja peregrina, da comunhão da Igreja celeste com a Igreja peregrinante e das relações da Igreja peregrina com a Igreja celeste. Todas estas expressões podemos expressá-las nesta breve síntese:

> A fé na Comunhão dos Santos, é a comunhão da única Igreja que se dá de dois modos de vivermos e testemunharmos o mistério de Deus em cada um de

nós e na Igreja de Cristo: primeiro, como pessoas da temporalidade, e segundo, como pessoas, plenamente, realizadas na comunhão do Grande Mistério da Trindade Divina. É o que segue.

## *1. Como nasceu a Comunhão dos Santos*

É uma teologia que surgiu no tempo dos mártires, em torno aos séculos II-III, quando se começou a viver toda uma mística do martírio[1]. A partir do século II verifica-se a consciência de uma concepção de mártir que coloca em maior evidência o testemunho de fé da pessoa, mais que o enfrentamento com o sofrimento e a morte.

Esta consciência chega até os nossos dias através das comunidades primitivas e dos escritos deixados nas chamadas *Atas dos Mártires*. A história toda da Igreja Nascente confirma a extraordinária fertilidade apostólica do martírio, e mais ainda, confirma a exclamação de Tertuliano[2] que escreve:

> Tornamo-nos sempre mais numerosos cada vez que nos matam e nos fazem morrer; o sangue dos cristãos é uma semente[3].

---

[1] Cf. SPINSANTI, S. "Martire", Nuovo Dizionario di Spiritualità, Roma: Paoline, 1982, pp. 915ss. Na terminologia teológica a palavra "mártir", deriva do grego *martus* que significa a pessoa que dá testemunho de sua fé em Cristo, professa esta fé com o sacrifício da própria vida. A mística do martírio consiste em professar a novidade da fé cristã pela *parresía* (coragem, fortaleza) que constitui a essencial ligação do cristianismo com o martírio; e da *káuchesis* (a pessoa que se gloria da sua profissão de fé em Cristo e na sua doutrina); ela é reflexo da confiança de unir-se a Jesus Cristo com a doação da própria vida. Von Baltasar diz que o cristianismo que dá mártires não é o dos 'professores', mas aquele dos confessores.

[2] https://pt.wikipedia.org/wiki/Tertuliano. Entrada em 8 de maio 2018. Tertuliano foi um prolífico autor das primeiras fases do Cristianismo, nascido em Cartago na província romana da África Proconsular. Ele foi o primeiro autor cristão a produzir uma obra literária em latim.

[3] *Apologeticus*, 50 – PL 1, p. 534.

Os escritos sobre o martírio compostos por numerosos autores da época patrística[4], do ponto de vista cronológico, em princípio, são de autores que vão dos padres apostólicos a Santo Agostinho[5]. Destacam-se os escritos de Clemente Romano, Inácio de Antioquia, Policarpo de Esmirne. Seguem-se os escritos de Justino, Tertuliano, Orígenes, Cipriano, Eusébio de Cesareia[6]. Paulo nos deixou a celebração lírica mais tocante da confiança interior do crente que já mcultiva uma fé aberta ao martírio:

> Quem nos separará do amor de Cristo? a tribulação, a angústia, a perseguição, a fome, a nudez, o perigo, a espada? Segundo está escrito: 'Por sua causa somos postos à morte o dia todo, somos considerados como ovelhas destinadas ao matadouro'. Mas em tudo isto somos mais que vencedores, graças àqu'Ele que nos amou. Pois estou convencido de que nem a morte, nem a vida, nem os anjos, nem os principados, nem o presente, nem o futuro, nem os poderes (...), nem qualquer outra

---

[4] Sugere-se a consulta de obras e livros que apresentam a vida e as obras deixadas pelos padres citados no texto, tais como: ALTANER, B. – STUIBER, A., S. Paulo, Paulus, 1972; Dicionário de Arqueologia e Antiguidades Patrísticas também da Paulus: 2007.

[5] Cf. BAUMEISTER, T.,, La teologia del matirio nella Chiesa antica, Torino, 1955, p. 89-103; LASSO DE LA VEJA, J. S., Eroe greco e santo cristiano, Brescia, 1968, p. 67-90; ZOCCA, E., "Sacrificio e martirio nella letteratura agiográfica del II e III secolo, in Annali di storia dell'esegesi 18/1 (2001), pp. 281-306.

[6] Cf. SUSINI, M., Il martirio cristiano, esperienza di incontro com Cristo. Testimonianze dei primi tre secoli, Bologna: Dehoniane, 2002, p. 29. Julgamos importante falar da contribuição relevante de Eusébio de Cesaréia. Ele escreveu uma das fontes principais das Atas dos mártires (Atti e Passioni dei martiri) que consta de dez livros. Nos sete primeiros encontra-se a história da Igreja das origens até o ano 303. Os livros, oitavo e nono, referem-se à perseguição iniciada por Diocleciano em 303, que termina no Ocidente em 306; no Oriente continua com Galério até o edito de tolerância de 311 e por ocasião da morte de Maximo que ocorreu em 313. O décimo livro descreve a retomada da Igreja até a vitória de Constantino sobre Licinio e a unificação do império em 323. Para esta fonte a autora cita: Cf. H.R., DROBNER, Patrologia, Casale Monferrato, 1998, p. 311.

> criatura, poderá nos separar do amor de Deus manifestado em Cristo Jesus, nosso Senhor (Rm 8, 35-39).

O apóstolo mostra sua hostilidade contra as forças do mal que pervadem a sociedade de seu tempo. Ele não se refere somente às forças misteriosas da natureza e do cosmo, que na antiguidade eram atribuídas aos deuses, e que, nem sempre se mostravam favoráveis ao ser humano, no empenho de construir o bem e a justiça.

Mas mostra que a vida no Espírito do Senhor, exige a contribuição da inteligência da fé e da razão, não superadas pelas forças da condição terrena da pessoa humana. Esta concepção de martírio é antiga e atual ao mesmo tempo.

### *2. Como se desenvolveu*

Existe uma profunda relação desses acenos históricos com o testemunho de fé dos mártires. Esta favoreceu a doutrina que fundamenta a Comunhão dos Santos. Existe mais que uma relação. Existe uma comunhão que une o mártir a Cristo de maneira específica.

Sempre foi cultivada a fé comum de que o mártir é o mais próximo de Deus e participa de modo íntimo da glória do Ressuscitado, porque o mártir doou sua vida por Ele, com Ele e n'Ele.

Dentro dessa concepção o martírio é um dom da graça salvadora que vem até nós, através do Grande Mártir, por excelência, Jesus Cristo. É um chamado do Senhor para testemunhar a explosão do Deus da Aliança que celebra a sua fidelidade com aqueles e aquelas que Ele escolhe. Não só, mas o martírio anuncia um mundo futuro que, em substância, já se encontra no mundo presente[7].

---

[7] Retomar o Documento de Puebla que fala da presença dos mártires em nossos dias, nos parágrafos, 92, 265 e 668.

Mas, os textos neo-testamentários trazem uma teologia muito rica que nasce do testemunho dos primeiros cristãos que aderiram à fé no Cristo ressuscitado, e por este motivo tiveram de sofrer perseguições até a morte. Com Estêvão (At 6 e 7) inaugura-se uma longa série de mártires, como Tiago, Paulo, Pedro e tantos outros que seguiram o mesmo caminho de sacrifício total de si mesmos por amor de Cristo.

Em torno ao século III, encontramos as Atas do martírio de duas mulheres, Perpétua e Felicidade, que souberam testemunhar sua vocação à fé e à graça do martírio. As mulheres, tradicionalmente, e, culturalmente, não são associadas a um caráter forte e exemplar que lhes permita transcender as próprias limitações, em nome da fé.

No entanto, a história do martirológio da única Igreja de Jesus Cristo, narra fatos que atestam que as mulheres são capazes de se abandonar à força da graça e se entregar totalmente a Cristo[8].

Desde os primórdios do cristianismo, homens e mulheres tomaram consciência de que, com a mesma fé e coragem com que aderiam à vida e aos ensinamentos deixados por Cristo, colocavam-se contra o mal personificado nos atos dos que detinham o poder deste mundo e nas estruturas que permitiam a atuação deste mal na vida concreta das pessoas e das comunidades dos primeiros cristãos.

Homens e mulheres tinham a consciência de que o fim deles era o mesmo fim com que Jesus testemunhou sua fidelidade ao Projeto salvífico do Pai, em seu mistério pascal, inaugurando a Nova Criação da humanidade e do mundo, com a Ressurreição.

Da experiência dos mártires e do testemunho que deram

---

[8] Cf. M. SUSINI, M., Il martirio cristiano. Esperienza di incontro com Cristo. Testimonianze dei primi secoli, Bologna: Dehoniane, 2002, pp. 31-36; NOCE, C., Origene. Esortazione al martirio, Roma, 1985, p. 101-158; La teologia del martirio, o. c., pp. 93-95.

com seu próprio sangue, publicamente, nasceu o culto e a celebração desses primeiros cristãos: eles confessavam sua fé no Cristo Ressuscitado que haviam conhecido pessoalmente, ou haviam sido tocados pelos ensinamentos deixados por Ele e por sua doação na cruz salvadora.

Esta experiência foi a experiência da ressurreição que os mártires fizeram em vida e se deixaram fascinar pelo mistério de vida e de eternidade, testemunhados por Cristo. Esta comunhão experimentada na terra, aponta para a vida definitiva em Cristo, na eternidade do céu.

## II. A interpretação do Vaticano II

Na Igreja antiga, a comunidade eclesial se auto-definia como *communio sanctorum*. O que se entende por *comunhão* e o que se entende por *santo*, quando se trata da *Comunhão dos Santos*, como verdade da nossa fé cristã. Esta mereceu do Vaticano II atenção especial, em seu capítulo VII[9].

A categoria *comunhão* é importante para a teologia da Igreja, para a antropologia e para a graça. Quando se fala de *comunhão* fala-se da Trindade como categoria central da comunhão. O Pai, o Filho e o Espírito Santo são a comunhão das Três Divinas Pessoas. É na Trindade que a Igreja faz comunhão, cria comunhão. Na Trindade, a *communio* vivida pela Igreja é o fundamento da sua realidade visível e mistérica em Cristo, pelo Espírito Santo.

O parágrafo 4 da *Lumen gentium*[10], é o ícone da unidade de uma só Igreja que se manifesta como peregrina e celeste. Busca-se, aqui, aplicar esta palavra ao campo da escatologia

---

[9] Cf. "A fé na comunhão dos santos", artigo da autora, publicado in Atualidade Teológica 16, em 2004, pp. 25-47. Revisto e atualizado para esta parte do livro.

[10] Leia com atenção este parágrafo e os comentários dos teólogos a respeito. Recomenda-se: BARAÚNA, G., A Igreja do Vaticano II, obra coletiva, Petrópolis: Vozes, 1965, pp. 1135-1149.

e expor o modo como pode ser ela referida à vida de fé, partindo dos parágrafos 49 e 50 do capítulo VII da Constituição Dogmática *Lumen gentium*. Esta afirma que a Igreja é a comunhão dos santos, segundo a expressão tradicional do Símbolo dos Apóstolos desde o fim do século IV, ano de 381.

Consumada, pois, a obra que o Paia confiara ao Filho realizar na terra, foi enviado o Espírito Santo no dia de Pentecostes a fim de santificar perenemente, a Igreja para que assim os crentes pudessem aproximar-se do Pai por Cristo num mesmo Espírito da vida ou a fonte de água que jorra para a vida eterna. Por Ele o Pai vivifica os homens mortos pelo pecado, até que o Cristo ressuscite seus corpos mortais. O Espírito habita na Igreja e nos corações dos fiéis como num templo. Neles ora e dá testemunho de que são filhos adotivos. Leva a Igreja ao conhecimento total. Unifica-a na comunhão e no ministério. Dota-a e dirige-a mediante os diversos dons hierárquicos e carismáticos. E adorna-a com seus frutos. Pela força do Evangelho, o Espírito Santo rejuvenesce a Igreja, renova-a perpetuamente e lava-a à união consumada com seu Esposo. Pois, o Espírito e a Esposa dizem ao Senhor Jesus: Vem! (Apoc 22,17). Desta maneira aparece a Igreja toda como o povo reunido na unidade do Pai, e do Filho e do Espírito Santo (LG 4).

É nessa concepção que a comunhão é ícone da Igreja, vivida e testemunhada na vida dos fiéis como imagem que evoca, fortemente, a comunhão de toda a Igreja. A comum participação nos bens da salvação, especialmente, na Eucaristia, é a raiz da comunhão invisível entre os participantes que chamamos de santos e santas.

Esta comunhão existe não apenas entre os membros da Igreja peregrina na terra, mas também entre os discípulos e discípulas de Cristo e aqueles que deixaram este mundo na graça do Senhor e agora fazem parte da Igreja celeste. Isto quer dizer que existe uma relação recíproca entre a Igreja peregrina e a Igreja celeste no que diz respeito à missão histórico-salvífica[11].

### *1. A comunhão como koinonia*

O sentido de comunhão como *koinonia*, encontrado já nos textos do Antigo Testamento, exprime a aproximação íntima de Deus que se revela ao ser humano fazendo com ele aliança, como sinal de comunhão com seu povo, e nele com todos os povos da terra.

A este chamado o povo de Israel responde e Deus faz aliança com ele. Assim foi com Moisés (cf. Êx 3), com o patriarca Abraão (cf. Gn 12), com a missão de Isaac e de Jacó (cf. Gn 25). Através dos patriarcas, Deus fez aliança com seu povo, Israel.

Os profetas dão um sentido teológico ao sinal divino figurado na aliança: esta é comunhão que Deus quer com a humanidade e é interiorizada no coração de cada pessoa, é manifestada por exemplo, por Jeremias que fala nesses termos:

> Selarei com a casa de Israel uma aliança nova. Porei minha lei no seu seio e a escreverei em seu coração. Então, eu serei seu Deus e eles serão meu povo (cf. Jr 31, 31-34).

Ezequiel por sua vez, prega a necessidade de reunir Judá e Israel num só reino, pois Javé quer selar com seu povo, uma aliança de paz, uma aliança eterna. Aquele que santifica o povo de Israel, tem sua habitação no meio dele para sempre (cf. Ez 37, 26-28).

Como se vê, a aliança busca a comunhão, a intimidade do coração humano, a santidade de vida e não apenas o

---

[11] Cf. COLLANTES, J. (org.), A fé católica. Documentos do magistério da Igreja, das origens aos nossos dias, Rio de Janeiro-Lumen Christi, Dioceses de Anápolis/Mosteiro de São Bento do Rio de Janeiro. 2003, números: 1292-1293, 7.487.12; 7487.18.

seu sentido social e histórico. Mas transcende as vicissitudes da história humana, para legitimar o diálogo de Deus com seu povo e as relações do Deus da promessa que habita com seu povo.

Nos textos do Novo Testamento encontra-se um sentido mais evidente e claro da comunhão com Deus, porque a aliança ganha uma expressão histórica, concreta na pessoa de Jesus e na comunicação do Espírito.

A comunhão com Deus, a partir da presença histórica de Jesus no meio de nós, assumindo, em tudo a nossa condição humana de pecadores (cf. Fl 2, 6-11), passa pela nossa comunhão com Cristo pelo Espírito, realizando assim a grande comunhão com o Pai (cf. Jo 1,3).

A comunhão com Cristo é a mais alta união que cada fiel, com o auxílio da graça, realiza com o Pai, pois ela abre a pessoa à relação divina que se alimenta do amor incondicional testemunhado e manifestado na prática.

Por isso, as comunidades apostólicas e primitivas visavam, não tanto a instituição exigida pela aliança, mas as atitudes e comportamentos que orientavam e alimentavam a prática de ajudar a quem se encontrasse na necessidade (cf. Rm 15, 26), a participação à celebração da Eucaristia, a união como Espírito Santo.

Hoje, indica também a comunhão entre as diferentes denominações de Igrejas de plataforma cristã, unidas pelo amor de Cristo mediante seu Espírito.

Esse novo estilo de vida se manifestava nas relações das comunidades entre si, que partilhavam os bens materiais e espirituais e formavam as Igrejas locais[12].

---

[12] Os fiéis das comunidades do tempo de Paulo levavam cartas de recomendação (*litterae communicatoriae*), que alimentavam a comunhão entre as várias Igrejas locais; revelavam a abertura mútua, a reciprocidade de relações e o reconhecimento de que cada uma necessitava para a sua caminhada na fé. Veja-se: Rm 16, 1-24; 1Cor 16, 5,24; Fl 4, 21-23; Cl 4, 7-18.

Dava-se, aqui, a comunhão e a participação dos primeiros cristãos a uma dimensão básica dessa comunhão, mas que ao mesmo tempo a transcende pela fé. Esta comunhão foi enfatizada pela eclesiologia do Vaticano II, e foi assumida pelas nossas Conferências Episcopais, como eixos do processo evangelizador do nosso Continente[13].

Como *koinonia,* portanto, a comunhão da qual se fala nesse contexto, é viver com Cristo pelo Espírito Santo, a intimidade com o Pai, como a mais alta união que nos abre para a relação divina e humana com os irmãos e irmãs, na mesma fé e na mesma participação dos bens salvíficos que se expressam na prática da caridade e nas suas obras.

De tal processo que se vive e se desenvolve em nossa caminhada de pessoas que professam a fé em Cristo, nasce o chamado à santidade.

Nesse sentido somos santos e santas na Igreja que constituímos como Corpo místico de Cristo. É importante partir de alguns dados da reflexão histórica, bíblica e teológica de como nasceu a ideia da *communio sanctorum,* para melhor vivenciarmos esta espiritualidade.

## 2. A Igreja como Comunhão dos Santos

Alargando um pouco o sentido da palavra *santo,* pode-se afirmar que santo é o cristão, homem e mulher, que vivem na realidade divina, numa situação de Igreja visível, empírica, mas portadora da graça salvadora e santificadora. Santo é também aquele que já passou por esta terra, foi glorificado e goza da glória do Deus, Comunidade de amor.

Santos e santas somos todos nós que professamos a fé no Cristo ressuscitado, quando assumimos o compromisso do

---

[13] Leia e interprete, nesta luz, os parágrafos do índice analítico do Documento de Puebla, "igreja" e verá o aprofundamento mais explicitado a respeito. Faça também um cf. com BOFF, L., A Trindade, a Sociedade, a Libertação, Petrópolis: Vozes, p. 168.

Reino, na sua dimensão terrenal e na sua dimensão escatológica, Reino pregado e realizado por Jesus, dentro da nossa história de pecado e de infidelidades ao Pai, mas de abertura à graça salvadora[14].

Santos e santas são todas as pessoas que, segundo sua consciência, estão abertas à graça salvadora trazida por Jesus Cristo que passa por culturas distintas, crenças e tradições diferentes das nossas. Santo é todo o batizado que vive a Igreja como mistério. Santo não pode ser somente aquele que foi proclamado por toda a Igreja, através da palavra do papa que preside ao serviço da caridade como nosso irmão de fé e de caminhada.

Mas, santos e santas são todos os que são capazes de fazer um ato de bondade, expressar um gesto de ternura para com o mais pobre e necessitado. O tema da santidade não pode se tornar resistente para o cristão que foi imerso nas águas do batismo e vive da fé no Cristo ressuscitado.

Os textos do Antigo Testamento são ricos nesse sentido, porque apresentam a santidade como a revelação do próprio Deus, pois esta define a santidade na sua fonte, em Deus, fonte de toda a santidade. Deus é chamado o santo.

> Sede santos, porque eu, Javé vosso Deus, sou Santo. Cada um de vós respeitará sua mãe e seu pai, guardai os meus sábados. Eu sou Javé vosso Deus, porque esta é a lei da santidade (Lv 19,2-4).

Com a aliança, esta santidade é compartilhada com o povo todo o povo de Israel (Cf. Gn 12). Isaías descreve a revelação da santidade de Deus por ele mesmo e pelo seu nome:

> Vi o Senhor sentado sobre um trono alto e elevado ....
> Acima dele em pé estavam serafins que proclamavam

[14] Cf. TAMAYO-ACOSTA, J-J., Para compreender la escatologia cristiana, Navarra: Editorial Verbo Divino, pp. 144-148.

> e diziam: Santo, Santo, Santo é o Senhor Deus dos Exércitos, a sua glória enche toda a terra (Is 6, 1-3).

Tanto os escritos do Antigo Testamento como do Novo Testamento, afirmam que só Deus é santo. As suas criaturas, como toda a criação, são santificadas por Deus, em Jesus Cristo, no derramamento do Espírito Santo. Esta é a compreensão mais enfatizada nos escritos do Novo Testamento. O ambiente neo-testamentário deixa perceber que é pela santidade que Jesus vive sua íntima união com o Pai. A tradição sinótica apresenta marcas específicas da santidade de Jesus.

Quando Lucas fala do mistério da Encarnação, referindo-se à dúvida levantada por Maria, a jovem de Nazaré, assim escreve:

> Não temas, Maria, encontraste graça diante de Deus. Eis que conceberás no teu seio o Filho de Deus e o poder do Altíssimo vai te cobrir com sua sombra; por isso, o Santo que nascer de ti, será chamado Filho de Deus (Lc 1, 30.35).

Se devemos ser santos como Deus é santo, o Filho de Deus, Jesus Cristo, veio nos ensinar este caminho. A santidade de cada cristão e de todos os cristãos que professam sua fé no ressuscitado, nasce da santidade de Cristo. Por isso, a nossa inserção em Cristo, na comunidade de fé, nos constitui membros do Corpo místico de Cristo; é uma inserção personalizada num organismo dinâmico em santidade.

É desta participação que deriva toda a tensão dialética que caracteriza nossa existência de Igreja peregrinante e de Igreja glorificada pela sua comunhão com Deus, Comunidade de amor.

A comunhão dos santos é aquele espaço ou âmbito de inter-comunicação, de relação e de intercessão, que o Espírito cria, entre os que peregrinam nesta terra com o Deus Trino e com aqueles que intercedem por nós junto ao Pai, na glória da eternidade[15].

## III. A comunhão da Igreja peregrina com a Igreja celeste

A comunhão é, antes de tudo, um dom do Senhor glorioso que nos une a Ele pelo seu Espírito, como vimos acima. É o que chamamos de comunhão invisível. A comunhão visível é vivida na continuidade da revelação, no ensinamento deixado por Jesus Cristo e na tradição apostólica.

A celebração desta graça nos sacramentos e na comunhão com aqueles que presidem o serviço sagrado da caridade e do culto litúrgico que se deve a Deus, dá à comunidade de fé, a unidade de uma comunhão que faz do Pai, do Filho e do Espírito Santo, uma só Comunidade de Amor, criando a nossa comunhão aqui na terra.

Nesse âmbito, a nossa comunhão eclesial, que se manifesta na diversidade dos carismas a serviço da humanidade toda e pertence a um Único Senhor, Jesus Cristo, só é possível ser vivida e testemunhada por nós, porque a Trindade Santa vive essa comunhão.

Em tal sentido fazemos a experiência concreta da circularidade dos bens distribuídos, indistintamente, a todos pelo mesmo Espírito. Cabe colocar em evidência que, ninguém está servindo 'em pirâmide', mas todos estão servindo em círculo, ao redor da mesma mesa. E, ainda que esta mesa seja retangular, os bens circulam sem, necessariamente, precisar passar pelo topo da pirâmide.

---

[15] Cf. W., BREUNING, "Comunión de los santos", in *Sacramentum Mundi. Enciclopédia Teológica*, Tomo Primeiro, Barcelona: Herder, 1982, pp. 831ss.

Como se vê, são realidades bem visíveis e são dons divinos que pervadem a nossa vida de pessoas de fé, abertas à vida plena no Deus, Comunidade de amor. Na comunidade de fé, Cristo cumpre, de vários modos, na história, sua missão profética, sacerdotal e régia, para a salvação de todos[16].

Pode-se afirmar que o conceito de comunhão está no centro do auto-conhecimento da Igreja[17], enquanto mistério da união pessoal de cada ser humano com a Trindade divina e com todos os homens e mulheres. É uma comunhão que a Igreja vive em mistério, que se expressa na prática da caridade, pois começa com a fé, nesta terra, e tende para a plenitude escatológica da Igreja celeste após essa vida.

### *1. A Comunhão dos Santos e Santas numa só Igreja*

Esta atinge seu ponto alto no Memorial do Senhor, quando celebra o sacramento da Eucaristia[18]. A Comunhão dos Santos, portanto, irrompe da nossa comunhão com Cristo que nos faz entrar na comunhão e na participação da fé de todos os irmãos, no Espírito Santo. Os Padres conciliares do Vaticano II, ao considerarem a comunhão da Igreja peregrina com a Igreja celeste, afirmam:

> (49/133) Portanto, até que o Senhor venha em sua majestade e com Ele todos os anjos (cf. Mt 25,31) e, destruída a morte, todas as coisas lhe forem sujeitas (cf. 1Cor 15, 26-27), alguns dentre os seus discípulos

---

[16] Cf. COLLANTES, J., A Fé Católica. Documentos do Magistério da Igreja. Das origens aos nossos dias. Diocese de Anápolis, Goiás, Mosteiro de São Bento, Rio de Janeiro, 2003, n. 7.485.

[17] JOÃO PAULO II, Discurso aos bispos dos Estados Unidos da América, em 16-09-1987, n. 1: Insegnamenti di Giovanni Paolo II, 10,3 (1987), p. 553.

[18] Cf. BOFF, Lina, "A dimensão escatológica da Eucaristia", in Perspectivas para uma nova teologia da criação, organizado por MÜLLER, I., Comunicação feita na Semana Teológica do Instituto Teológico dos Franciscanos (ITF) de Petrópolis com a PUC-Rio, em 2003, pp. 111-130.

> peregrinam na terra, outros, terminada esta vida, são purificados, enquanto que outros são glorificados, vendo, claramente, o próprio Deus trino e uno, assim como é; todos, contudo, em grau e modo diverso, participamos do mesmo amor de Deus e do próximo e cantamos o mesmo hino de glória ao nosso Deus. Pois todos quantos são de Cristo, tendo o seu Espírito, congregam-se numa só Igreja e n'Ele estão unidos entre si (cf. Ef 4,16). Em vista disso, a união dos viajores com os irmãos que descansam na paz de Cristo, de maneira nenhuma se interrompe, mas ao contrário, conforme a fé perene da Igreja, esta é fortalecida pela comunicação dos bens espirituais (...)

Neste parágrafo, os padres conciliares falam explicitamente, da doutrina que fundamenta a Comunhão dos Santos, a qual, descrita em toda a sua amplitude, inclui uma alusão ao purgatório[19], assunto que demandaria mais um capítulo.

Os estados eclesiais aqui relacionados pelo sétimo capítulo da LG, apresentam a única Igreja de Cristo glorificado como uma comunhão que reflete, e torna presente na terra, a comunhão de Deus e seu mistério, que age nas suas estruturas. Por isso,

### *2. A Igreja invisível está na Igreja visível*

Entre um cristão que vive na graça de Deus na terra, e um santo no céu, há apenas uma diferença acidental e não substancial. A substância lá e aqui é a mesma, que é a comunhão plena com Deus, a graça realizada. A primeira

---

[19] A ideia de purificação ultraterrena, segue sendo a obra de POZO, C., Teologia del mas allá, Madrid: BAC, 1992, em seu capítulo IX, pp. 515ss, com as notas referentes e accessíveis aos leitores e leitoras, pois, cita autores latinoamericanos também.

vive, em plenitude, tudo aquilo que a segunda vive sob a forma limitada de situação terrenal.

A Igreja peregrina vive a mesma graça salvadora e santificadora, da Igreja celeste. A Igreja peregrina está envolta pelo corpo humano que se encontra dentro de um determinado espaço e vivendo um tempo limitado, mas aberto à eternidade. Este tempo, mesmo sendo passageiro, é portador da mesma escatologia que já vive a Igreja celeste[20].

Enquanto a Igreja celeste entra em comunhão com a Igreja peregrina, esta, em seu silêncio profundo e respeitoso, pela sua adesão e pela sua escuta atenta à palavra do Senhor que lhe fala através do cotidiano e das Escrituras, concebe e dá à luz, pela fé, à única Igreja de Jesus Cristo, Nosso Senhor, o *Kyrios.*

O caminhar da Igreja peregrina é uma representação humana e histórica da dimensão transcendente que dá o caráter sacramental da Comunhão dos Santos e cresce junto com a Igreja celeste. Esta fortalece a caminhada terrenal, dá sentido ao processo da santidade, e enobrece seu culto como momento alto da História salvífica que continua.

A Igreja celeste contribui de muitas maneiras, para que todos os membros se unam num só corpo, o Corpo místico de Cristo. E finalmente, intercede por nós junto ao Único mediador entre Deus e os homens, Cristo Jesus. O Vaticano II descreve esta dimensão escatológica da Igreja com uma linguagem cheia de esperança:

> (49/133) Pelo fato de os habitantes do céu estarem unidos mais intimamente com Cristo consolidam com mais firmeza na santidade toda a Igreja, enobrecem o culto que ela oferece a Deus, aqui na

---

[20] Cf. L. BOFF, Igreja, Carisma e Poder. Ensaios de eclesiologia militante, Petrópolis: Vozes, pp.213ss.

> terra, e contribuem de muitas maneiras pela sua mais ampla edificação (cf. 1Cor 12, 12-27). De fato, recebidos na pátria celeste e presentes diante do Senhor (cf. 2Cor 5,8), por Ele, com Ele, e n'Ele não deixam de interceder por nós junto ao Pai, apresentando os méritos que alcançaram na terra pelo Único mediador de Deus e dos homens, Cristo Jesus (cf. 1Tm 2,5), servindo ao Senhor em tudo e completando, em sua própria carne, o que falta aos sofrimentos de Cristo por seu Corpo, que é a Igreja (cf. Cl 1,24). Por conseguinte, pela sua fraterna solicitude a nossa fraqueza é enormemente auxiliada.

A teologia admite que a Comunhão dos Santos é uma explicitação da santidade da Igreja. Portanto, todos os fiéis participam da sua santidade.

Esta comunhão se torna visível na estrutura sacramental da Igreja, que celebra, em seus sacramentos, e em toda a sua vida litúrgica, a presença da comunhão trinitária que dá sentido à vida terrena e sustenta a vida divina que habita em nós. Daí a importância das relações da única Igreja em Cristo.

## IV. As fases de relações na única Igreja

A Igreja peregrina experimenta as relações com a Igreja celeste como obra e ação do Espírito Santo. Toda a pessoa, em princípio, se entende como membro vivo e portador da Igreja celeste[21], mesmo em sua caminhada terrenal, pois, a

[21] Uma nota explicativa: É importante deixar claro que, no quadro da Comunhão dos Santos, as relações da Igreja peregrina são apresentadas, na LG, nestas formas: quando trata dos defuntos, a Igreja terrestre "venera a memória" ; para os demais santos e santas, apóstolos e mártires, a Virgem Maria, os anjos, São José, os seguidores de Cristo, e outros que são citados no artigo 50, aparece, simplesmente, a palavra "venera" ou "venera a memória". A estrutura interna de apresentação, também mostra pequena

Igreja celeste já se faz presente, de certo modo, aqui na terra, na Igreja peregrina que somos nós.

O crente torna-se membro sacramental da *communitas fidelium,* porque vive aquela substância, isto é, a graça salvadora trazida por Cristo, que constitui, teologicamente, a Igreja peregrina que se plenifica na Igreja celeste.

A teologia da Comunhão dos Santos, no capítulo VII da *Lumen gentium*, leva consigo a afirmação da retribuição plena para os justos, que consiste na visão de Deus em seu mistério de amor para conosco, já agora, antes portanto, da ressurreição final[22].

O texto aqui levado em conta, apenas faz breve alusão aos *Novíssimos,* que abrem a discussão sobre a escatologia individual e coletiva, não sendo possível fornecer, aqui, fundamento que venha da Sagrada Escritura para esse ensinamento.

Temos desta um fundamento indireto que vem da tradição e da fé das comunidades ao longo tempo e interpretado pela teologia escatológica.

No final desta parte apresentaremos o fundamento de toda a relação e como esta se dá numa só Igreja em sua fase de Igreja peregrina e Igreja celeste que pode demonstrar a inspiração bíblica desta tradição da fé eclesial[23].

### *1. Qual o fundamento de toda a relação*

É o ser com Cristo como Pessoa da Trindade que nos antecede nessa relação. A fé perene da Igreja fundamenta

---

mudança, tendo em vista a melhor compreensão do texto da LG, sobre o qual pouco ou quase nada se tem escrito a respeito. Até o Vaticano II a bibliografia é considerável; não contudo, a partir da virada escatológica do Vaticano II.

[22] A obra mais completa sobre esta explicação segue sendo a de POZO, C., Teologia del mas allá, Madrid: BAC, 1992, p.560 em diante.

[23] A leitura aconselhada segue sendo a de POZO, C., citada acima, pp. 21-39, como também o capítulo do autor NOCKE, F-J., "Purificação", in Manual de Dogmática, volume II, Petrópolis: Vozes, 2001, pp. 413ss.

a relação humana e divina na comunhão da mesma fé em Jesus Cristo, Filho de Deus. É uma relação tecida pelo Espírito Santo. Esta relação nos abre para a comunhão interpessoal e universal, nas suas distintas formas de vivência.

A fé perene da Igreja, portanto, afirma que, essa comunhão nasce da nossa relação com o Deus encarnado em Jesus, que viveu a nossa vida e por nós se doou até o fim.

Dessa comunhão nasce o amor que damos ao irmão e à irmã mais próximos[24], de modo especial quando louvamos ao nosso Deus e Senhor, através do mesmo culto litúrgico, e no congraçamento de todos numa só Igreja. Pode-se dizer que a fé perene da Igreja é mistério de comunhão. Significa dizer que, a união de cada pessoa humana com a Trindade divina e com os povos desta terra e daqueles que já gozam da visão de Deus, tem seu fundamento na fé, que se manifesta do ser em Cristo.

O sentido mais profundo desta relação é apresentado pelo apóstolo Paulo quando fala da comunhão como *koinonia*[25], comunhão. Os vocábulos a ela conexos, têm um alcance central para a teologia paulina: *koinonia* refere-se, rigorosamente, à nossa relação de fé com Cristo[26]. É desta relação que nasce a verdadeira relação humana e espiritual com as pessoas aqui na terra e com as glorificadas na vida do Senhor da Glória. Pois, é no contexto de uma relação que nasce da comunhão, que as pessoas chamadas à comunhão

---

[24] Cf. COLLANTES, J. A Fé Católica. Documentos do Magistério da Igreja. Das origens aos nossos dias. Diocese de Anápolis, Goiás, Mosteiro de São Bento, Rio de Janeiro, 2003, n. 7.485.

[25] Cf. HAUCK, F. "Koinonia", in Grande Lessico del Nuovo Testamento, vol. V, Paideia, 1969, p., 712.

[26] Cf. SCHATTERMANN, J., "Comunione – partecipazione" L., COENEN e outros (org.), Dizionario dei concetti biblici del Nuovo Testamento, vol. VI, Bologna: Dehoniane, 1991, pp., 329s. koinonia para Paulo refere-se à relação de fé com Cristo. É, portanto, participação ao Filho (1Cor 1,9), ao Espírito Santo (2Cor 13,13), ao evangelho (Fl 1,5), aos sofrimentos de Cristo (Fl 3,10).

com o Filho, entram em diálogo com Deus que convoca todos e todas a viverem sua vida divina.

Por isso, o sentido de comunhão é fundamental para a Igreja, porque tem sua fonte em realidades espirituais e materiais, a serviço do bem comum e por pessoas que integram uma comunidade onde se dá a participação dos bens do Reino de Deus e sua glória. Cabe lembrar, aqui, as duas dimensões do Reino de Deus que não são dissociadas:

> A dimensão terrena que se manifesta através de sinais que apontam para o Reino, mas que ainda não são a plenitude do Reino, ajudam, mas não são o definitivo da vida terrena. E a dimensão escatológica desse Reino que é, justamente, a vida em plenitude como é concebida e plasmada pelo próprio Deus. Daí a compreensão de Paulo quando escreve que os bens materiais sempre vêm acompanhados pelos bens espirituais[27].

Paulo confirma essa concepção também, quando diz que se tornou fraco para ganhar os fracos, fez-se tudo para todos, por causa do Evangelho, para dele se tornar participante (cf. 1Cor 9, 22-23). Entre os membros de uma comunidade que vive a mesma fé, os bens materiais ocorrem junto com os bens espirituais. A verdadeira relação da qual se está falando nasce desta troca de bens, materiais e econômicos, espirituais e místicos. Pela relação que irrompe da comunhão, somos glorificados com Cristo, porque:

> O Espírito Santo se une ao nosso espírito para testemunhar que somos filhos de Deus. E se somos filhos, somos também herdeiros; herdeiros de Deus e

[27] Cf. SCHATTERMANN, J., "Comunione – partecipazione" L., COENEN e outros (org.), Dizionario dei concetti biblici del Nuovo Testamento, vol. VI, Bologna: Dehoniane, 1991, p., 254.

> co-herdeiros de Cristo, pois sofremos com Ele para também com Ele, sermos glorificados (Rm 8, 16-17).

Compreende-se que o sentido mais profundo da relação, no âmbito da escatologia, se dá mediante o nosso ser com Cristo. Esta relação atinge seu ponto mais alto na Ceia do Senhor, como já se falou antes, onde os participantes se tornam *companheiros, associados* da pessoa de Cristo na forma de uma *koinonia* com o corpo e o sangue do Cristo glorioso.

A relação dos cristãos entre si, aqui na terra e com os que estão na glória, é manifestação terrena e divina da nossa comunhão pessoal com Cristo. Em virtude dessa estrutura trinitária de Deus, como Comunidade em permanente comunicação, inaugura-se uma nova ordem das coisas terrenas em vista das celestiais. Dá-se então, a verdadeira Comunhão dos santos e das santas, na vida temporal.

***2. As relações de uma só Igreja no Espírito do Senhor***

O Espírito Santo cria a unidade das duas manifestações da mesma Igreja, a peregrina e a celeste. É ele que gera esta comunhão através de relações múltiplas dos membros que constituem a Igreja de Cristo. É ele que nos comunica as coisas futuras da nova ordem trazida pela ressurreição de Cristo. O Evangelho de João assim o atesta:

> Quando vier o Espírito da Verdade, ele vos conduzirá à verdade plena, pois não falará de si mesmo, mas dirá tudo o que tiver ouvido e vos anunciará as coisas futuras (Jo 16,13). Esse mesmo Espírito virá para nos ensinar tudo a partir do nosso peregrinar do tempo presente que vivemos. É ainda o evangelista que nos fala: (...) o Espírito Santo que o Pai enviará em meu nome, vos ensinará tudo e vos recordará tudo o que eu vos disse (Jo 14,26).

Por esse Espírito, os membros que vivem na terra e aqueles que já gozam da glória de Deus, vivem a comunhão através das relações espirituais. É nesse âmbito que se pode falar de uma teologia feita a partir das relações da Igreja peregrinante, que se plenifica na Igreja celeste.

A teologia da Igreja peregrina está em íntima relação com a teologia da Igreja celeste, dos santos e santas, vivos em Deus.

Tanto a graça de Deus está aqui na terra com os caminhantes da Igreja peregrina, como com aqueles da glória celeste. A substância, que é a graça divina, unifica os dois lados, o da terra e o do céu. A relação nasce da comunhão desses dois lados da mesma realidade divina, que é a Comunhão dos Santos.

> (50/136) Não somente a título de exemplo veneramos a memória dos habitantes do céu, mas mais ainda para confirmar, fortalecer a união de toda a Igreja no Espírito, pelo exercício da caridade fraterna (cf. Fl 4,1-6). (...) Todo o genuíno testemunho de amor manifestado por nós aos habitantes do céu (...) tende e termina em Cristo, que é a coroa de todos os santos (...). Por um modo especial, nossa união com a Igreja celeste é atuada na Sagrada Liturgia, na qual a força do Espírito Santo age sobre nós por meio dos sinais sacramentais (...). e congregados numa só Igreja glorificamos a Deus Uno e Trino, com o mesmo cântico de louvor.

A Igreja peregrina não goza da glória em plenitude ainda, nem a sente como os que estão em Deus. Mas pregusta essa mesma glória através da liturgia que celebra, atualiza a glória da eternidade no tempo presente e antecipa o encontro glorioso do tempo com a eternidade.

Nesse sentido a celebração litúrgica e o culto que se oferece a Deus aqui na terra, é o tempo perene que, no decurso dos séculos, é capaz de fazer uma apresentação unificada, progressiva, dinâmica e real da Igreja terrena com a Igreja celeste[28]. É, sobretudo, na celebração litúrgica do culto prestado a Deus que se vive e se elabora a verdadeira teologia da Comunhão dos Santos.

Nessa comunhão fazemos breve aceno à Igreja que se acha em estado de Purificação, mais conhecida como a verdade do Purgatório, incluída como uma fase tríplice da única Igreja.

A liturgia eucarística como momento alto de toda a Teologia e como expressão da fé verdadeira, vamos encontrar orações dirigidas aos nossos irmãos e irmãs que já passaram por esta vida e se encontram na saudade de Deus em estado de purificação, nos distintos Cânones da Missa, conhecidos como Orações Eucarísticas do Santo Sacrifício.

### *3. Estas relações com as pessoas em fase de Purificação*

Tais orações referem-se à vida dos nossos irmãos e irmãs que se encontram na glória celeste, são salvos, mas em estado de purificação[29]. É o que chamamos de Purgatório, verdade que está tendo explicações teológicas motivadoras para o cultivo de uma espiritualidade vivida à luz da escatologia cristã, já no presente da nossa vida, como também a interpretação dada aos *Novíssimos,* retomando as temáticas dos manuais, expondo de um modo novo, a verdade da tradição da fé do povo e do magistério, sobre as *éschata.*

Os padres do Concílio Vaticano, com frases breves, sem maiores explicitações teológicas, falam dos elemen-

---

[28] Cf. TRIACCA, M., "Tempo e liturgia", Nuovo Dizionario di Liturgia, Roma: Paoline, 1984, pp., 1502.1507.

[29] Recomenda-se a leitura e o aprofundamento da explicação desta verdade da fé católica, POZO. C., Teología del mas allá, Madrid: BAC, 1992, pp. 558ss.

tos essenciais da doutrina tradicional da Igreja, na sua complexidade.

Percebe-se que fora uma preocupação do Concílio, a de que, o horizonte escatológico, até então proposto em aula conciliar, não deixasse na penumbra aspectos da escatologia individual tomada em seu conjunto.

As perguntas e as questões levantadas pelos mais simples dos fiéis, em torno a esta temática, nem sempre são explicadas ou respondidas a contento. Sobretudo, quando se trata de verdades como, a morte, o juízo, o céu, a possibilidade do inferno, a existência do purgatório, enfim, das realidades últimas, da vida humana que busca viver a fé em vista de uma vida superada pelo tempo presente para viver plenamente a fé que confessa.

São realidades estas inseridas, fortemente, no cotidiano das pessoas que vivem a vida de fé estruturada na evangelização que perpassou o tempo. A orientação pastoral da Igreja apresenta estas realidades da fé cristã, como eventos pessoais sim, mas inseridos na comunidade, e nesse grande encontro, cada pessoa entra no mistério do Cristo, Caminho, Verdade e Vida.

As figuras e as alegorias apresentadas para explicar tais realidades, querem manifestar a profundidade e a seriedade do amor salvífico do Senhor Jesus[30]. Diante deste imenso amor de doação plena de Cristo para toda a humanidade, ninguém pode ficar indiferente.

Trata-se de uma decisão irrevogável e eterna que a pessoa humana, na liberdade, não consegue escolher, senão conforme a sua pessoal responsabilidade. E, diante da beleza e do fascínio do grande mistério de Deus Pai, de Deus Filho e de Deus Espírito Santo, que se revela na sua imensa

---

30 Cf. GRESHAKE, G., Mas fuerte che la muerte. Lectura esperanzada de los novísimos, Santander: Sal Terrae, 1981, pp. 42-70.

misericórdia na justiça, a cada um e a cada uma de seus filhos e filhas[31], torna-se impossível, para estes, negar a própria felicidade e a plenitude de vida que lhes são, gratuitamente, oferecidas de forma absoluta e sem fim.

Fechar-se diante disso, seria escolher a própria condenação eterna e abrir a possibilidade do inferno.

A luminosidade da caminhada terrena de cada pessoa, diante do mistério salvífico de Deus Pai, desabrocha, plenamente, neste momento, mostra a verdade que pervadiu todas as ações humanas realizadas e revelam-se todos os segredos do coração desta pessoa. Contudo, desconhecemos o dia e a hora em que tudo isso se realizará.

> (48/131) Por isso nos esforçaremos para ser agradáveis em tudo ao Senhor (cf. 2Cor 5,9). ..., para que possamos estar firmes contra as ciladas do demônio e resistir no dia mau. Mas como desconhecemos o dia e a hora, conforme a advertência do Senhor, vigiemos constantemente, a fim de que, terminado o único curso de nossa vida terrestre (cf. Hb 9,27), possamos entrar com Ele para as bodas e mereçamos ser contados com os benditos (cf. Mt 25, 31-46), ..., e não sejamos mandados, como servos maus e preguiçosos (cf. Mt 25,26), apartar-nos para o fogo eterno (cf. Mt 25,41), para as trevas exteriores, onde haverá choro e ranger de dentes. Pois antes de reinarmos com Cristo glorioso, compareceremos diante do tribunal de Cristo, para que cada um receba conforme o que tiver feito, por meio do corpo, o bem ou o mal (2Cor 5,10). E no fim do mundo, os que praticaram o bem irão para a ressurreição da vida, mas os que praticaram o mal, para uma ressurreição do juízo (Jo 5,29).

[31] Cf. LAVATORI, R., Il Signore verrá nella glória. L`escatologia alla luce Del Vaticano II, Bologna:, Dehoniane, 2007, pp. 46-47.

O espírito que moveu os padres conciliares a tratarem destas realidades que fazem parte da nossa existência e se realizam, plenamente, só na trajetória final da vida terrena, é a necessária atenção que se deve dar a cada pessoa envolta em seu mistério de fé e que busca o sentido último da vida, da morte, do juízo, do inferno, do paraíso, no próprio mstério da sua vida como pessoa singular[32]. Este lembrete encontra em Cristo ressuscitado sua origem e seu fim último[33].

Evidentemente, jamais se deve subestimar o fato de que, cada um de nós, é destinado a encontrar-se face a face com o Senhor (cf. 1Cor 13,12); que cada um de nós, como pessoa, é, já nesta vida, filho e filha de Deus, e amanhã, gozará da intimidade e da glória desse Deus. Enquanto, porém, estamos vivendo a nossa condição humana e limitada, que busca incessantemente, sua plena realização em Cristo, o Senhor nos adverte à vigilância.

### *4. De tudo desconhecemos o dia e a hora*

O Concílio não enfatiza os sinais escatológicos que precedem e acompanham a Segunda vinda do Senhor, enquanto os Evangelhos e a tradição falam claramente, desta Segunda vinda.

---

[32] O alcance do tema escatológico, considerado na Constituição de *Ecclesia*, entra na índole do modo de ser na Igreja como Sacramento-Sinal para a humanidade em todas as culturas e crenças. Inspira cada capítulo de toda a Constituição. É ela que explica a função e a tarefa de cada membro de acordo com seu estado de vida e de seu compromisso concreto histórico pela construção do Reino. É ainda ela que se encontra na raiz de toda a vocação cristão à santidade como pplenitude de vida. O capítulo VII sobretudo, caracteriza a natureza escatológica da Igreja. Esta é retomada de modo especial, no seu sentido de participação da vida divina trinitária, não como indivíduo isolado, mas como mebro de um povo caminhante em direção 'a glória definitiva em Deus, Comunidade de amor.

[33] Cf. FERRERES, G. J. M., Comentarios a la Constitución *Gaudium et Spes*, sobre la Iglesia en el mundo actual. Madri: BAC, 1968, p. 32.

É o caso dos capítulos 24 e 25 de Mateus, em que ele fala da vigilância para não ser surpreendido e do solene último julgamento do "vinde benditos do meu Pai...", para citar um exemplo.

Sendo um Concílio, eminentemente pastoral, os padres se atém aos elementos essenciais da doutrina tradicional da Igreja, sem contudo, delongar-se em discussões que cabem aos teólogos e às teólogas aprofundar. Em tal contexto nos quais foram vividos e escritos esses textos, não se desconhece porém, a complexidade, e a subtileza que estas verdades levantam para o tratado que se ocupa de explicar a essência de fé que fala das *éschata,* isto é, das coisas Últimas da nossa vida temporal[34].

O evangelho de Marcos, por exemplo, no contexto de seu discurso escatológico, preanuncia a esperada libertação do povo de Israel, quando inclui na sua pregação, a parábola da figueira. Termina com esta advertência:

> Daquele dia e da hora, ninguém sabe, nem os anjos no céu, nem o Filho, somente o Pai (Mc 13,32).

Esta é, pois, a visão escatológica da nossa vida relatada pela comunidade de Marcos. A vinda do Senhor não pode ser apreendida e compreendida só no final da nossa vida temporal e terrena, mas saber encontrá-lo e acolhê-lo dentro da nossa condição humana, do dia-a-dia, é tão importante e necessário, que sem este pressuposto, torna-se muito nebuloso, viver uma espiritualidade que nos aponte para um final bom da caminhada terrena.

Passada a tribulação e o fim das dores temos condições de acolher o Senhor da vida, no tempo em que estivermos

[34] Cf. LAVATORI, R., Il Signore verrá nella gloria. L`escatologia allá luce del Vaticano II, Bologna: Dehoniane, 2007, pp.44-48.

prontos, para o eterno abraço do Pai[35]. É nesse abraço carinhoso que entraremos para o festim das bodas.

### 5. Entrar com Ele para as Bodas

Esta é a grande certeza. A metáfora das bodas como banquete divino já era presente nos escritos dos profetas que difundiam sua intuição sobre a grande afluência dos povos para a Jerusalém, como a cidade messiânica. Isaías descreve como se dá esse festim:

> Javé dos exércitos prepara para todos os povos, sobre esta montanha, um banquete de carnes gordas, um banquete de vinhos finos, de carnes suculentas, de vinhos depurados (Is 25,6).

Esta mesma ideia é desenvolvida e articulada por Lucas quando recomenda a vigilância para a vinda do patrão da casa:

> Felizes os servos que o senhor à sua chegada encontrar vigilantes. Em verdade vos digo, ele se cingirá e os porá à mesa e, passando de um a outro, os servirá (Lc 12,37).

Esta imagem serve de base para os ensinamentos que os evangelistas querem passar para a vida de fé de sua comunidade. O momento da nossa passagem desta vida limitada e fraca para a vida em Deus, será da nossa total liberdade escolher uma eternidade de amor e comunhão definitiva com Deus como Comunidade de amor e festa.

O céu como total reconciliação significa realizar as nossas utopias humanas celebradas na sagrada liturgia que atualiza a felicidade celeste aqui na terra.

---

[35] Cf. PAULO VI, "Insegnamenti", 1970/VIII, p. 672-676, citado por ALFARO, J., em Vaticano II. Bilancio & Prospettive ventiquinque anni dopo 1962/1987, Assisi: Cittadella, 1988, p. 1058.

Isaías fala a linguagem da vida celeste quando anuncia estas coisas evidenciando a beleza das relações dos contrários que vivem próximos um do outro e nos enche de esperança com estas palavras:

> O lobo morará com o cordeiro e o leopardo se deitará com o cabrito. O bezerro, o leãozinho e o gordo novilho andarão juntos e um menino pequeno os guiará. A vaca e o urso pastarão juntos, e suas crias, juntas se deitarão. A criança de peito brincará junto à cova da áspide e da víbora. Ninguém mais fará o mal e nada será destruído em meu santo monte, porque a terra ficará cheia do conhecimento de Javé, como as águas enchem o mar (Is 11, 6-9).

O contrário deste discurso, implica ter que falarmos da condenação eterna. Entraremos nas bodas com Ele, se tivermos sido pessoas fiéis e abertas ao seu amor. E para mostrar a seriedade com que se deve viver este amor de Deus para conosco, a doutrina da fé fala do nosso fechamento a Deus, como escolha e do inferno como possibilidade.

Apresenta esta doutrina através de metáforas e figuras que são muito vivas na arte e no universo religioso e cultural do povo, até mesmo em nossos dias. Estas figuras e esta linguagem são assumidas pelos padres conciliares do Vaticano II.

Em uma das encíclicas de Bento XVI sobre a Esperança Cristã – *Spe salvi* – dá uma explicação das metáforas empregadas para falar das *éschata* – coisas últimas - para a sua prática na vida cristã, onde a virtude da esperança se manifesta como fé, que é substância das coisas que se vive, mas ainda não se vê[36].

---

[36] Cf. BENTO XVI, Spe salvi – Sobre a Esperança Cristã, S. Paulo: Paulus e Loyola, 2007, parágrafos 32-37.41. Fazer um cf. também com ANGELINI, G.,

Segundo a mesma encíclica, o fogo do inferno, significa o nosso encontro com Cristo que nos queima com seu amor; o juízo é momento de graça que nos dá a chance de escolher; o purgatório nos abre para a vida de solidariedade, porque ninguém vive sozinho, nem peca sozinho, e nem se salva sozinho. Esta afirmação nos remete ao parágrafo do capítulo da *LG* em estudo que segue:

> (48/132) Antes de reinarmos com Cristo Glorioso, todos compareceremos diante do tribunal de Cristo, para que cada um receba conforme o que tiver feito, por meio do corpo, o bem ou o mal. (49/133) Até que o Senhor venha em sua majestade e com Ele todos os anjos (cf. Mt 25,31), e, destruída a morte, todas as coisas lhe forem sujeitas (cf. 1Cor 15,26-27), alguns entre seus discípulos peregrinam na terra, outros, terminada esta vida, são purificados, enquanto outros são glorificados, vendo claramente o próprio Deus, Trino e Uno, assim como é.

Deus é bom, por isso é justo e misericordioso. Esta concepção nos leva a um dinamismo escatológico, que impulsiona a *viver no esforço de agradar ao Senhor* (2Cor 5,9). A Igreja, como povo de Deus, e por ser peregrinante, cheia de esperança em Deus e seu mistério, é impulsionada a abrir-se para andar em novos caminhos, mesmo que seja através de tentações e tribulações.

Por ser de índole escatológica, a Igreja tem uma dimensão sobrenatural e transterrena, que plenifica a vida humana, no seu desabrochamento pleno. Repetimos aqui, o texto conciliar:

---

"Spe salvi.Realismo della speranza e forma pratica della fede", in Teologia/3, rivista della facoltá teológica dell'italia settentrionale, settembre (2008), p. 315-326. Ver também da autora: "A Spe salvi sugere o Vaticano II?. Do Continente da Esperança", in REB/271, (2008), p.653-670.

> (49/133) Em vista disso, a união dos que estão na terra, com os irmãos que descansam na luz de Cristo, de maneira nenhuma se interrompe, ao contrário, conforme a fé perene da Igreja, vê-se fortalecida pela comunicação dos bens espirituais. Pois, pelo fato de os habitantes do céu estarem unidos mais intimamente, com Cristo, consolidam, com firmeza, na santidade, toda a Igreja, enobrecem o culto que ela oferece a Deus, aqui na terra, e contribuem, de muitas maneiras, para a sua mais ampla edificação.

A atitude da Igreja terrestre aqui descrita, está, intimamente, em comunhão com a Igreja gloriosa e, portanto, intercede pelos irmãos e irmãs ainda necessitados da graça do Senhor para viverem a plenitude da feliz eternidade destinada a todos e a todas.

Se o parágrafo que acabamos de apresentar enfatiza a Comunhão dos Santos a partir dos bem-aventurados, a parte que segue agora, enfatiza esta comunhão da Igreja terrestre, a partir da mais antiga tradição cristã de culto e veneração dos que nos precederam nesta terra.

Por isso, a Igreja peregrina venera e faz memória dos apóstolos e mártires, da Virgem Maria e os santos e santas, dos seguidores e seguidoras de Jesus na terra, e dos defuntos. Esta teologia remonta à mais antiga tradição cristã, deixando claro, porém, de que Cristo é o término último e o mediador único de toda esta relação nossa com os santos e santas que veneramos na terra.

## V. A Igreja peregrina venera e faz memória

Os Apóstolos foram aqueles que mais, diretamente, participaram dos ensinamentos e da pregação de Jesus. A presença dos Apóstolos, pela força do Espírito Santo, dá continuidade a toda obra que Cristo realizou, atua e dinamiza toda a expressão apostólica que se dá através de cada membro do Corpo Místico de Cristo[37].

Não por acaso, neste artigo da *LG*, os apóstolos estão colocados junto aos mártires porque seguiram à risca os passos de Jesus durante sua vida terrena.

Os estudiosos que comentaram e interpretaram a Constituição da Igreja em seu capítulo VII da Escatologia, nos enviam aos capítulos 11, 12 e 13 da Carta aos Hebreus. No capítulo 11 fala da fé exemplar dos antigos, como Abel, Henoc, Noé, passando por Abrão e os demais patriarcas que assim creram. No capítulo 12 chegamos à plenitude dessa esperança na fé de Jesus Cristo.

Mas o autor sagrado recomenda fazer memória e praticar as orientações paternas de Deus que nos educa para essa esperança. Finalmente, no capítulo 13 são dadas as últimas recomendações sobre os vários estados de vida, terminando com a obediência que precisamos seguir aos nossos guias espirituais.

A Igreja continua no seu serviço ao Reino, que é maior do que a própria Igreja. Por isso, a teologia introduziu a distinção entre os mártires da Igreja, os cristãos que assumem o martírio pela fé em Jesus Cristo, e os mártires do Reino, vale dizer, os mártires que morreram pelos bens que constituem o conteúdo do Reino, como: a justiça, a verdade, o serviço aos demais até à morte. Estes, quando são mortos por tais causas, são mártires do Reino de Deus.

Os cristãos morrem por causa de seu testemunho explícito de adesão a Cristo e dos valores que estão incluídos aí, explicitamente.

---

[37] Cf. DE FIORES, S., "Santo", S. DE FIORES e T. GOFFI (a cura di), Nuovo Dizionario di Spiritualità, Roma: Paoline, 1982, pp. 38s.

As duas expressões do martírio para nós hoje, sobretudo, nos países que vivem em estado permanente de empobrecimento e alijados de tantos bens materiais, morais e espirituais, a doação dessas vidas humanas, santificam a Igreja peregrina, e nos aproximam cada vez mais da Igreja celeste. Esta intercede por nós, junto ao Pai, apresentando os méritos que alcançaram na terra pelo único Mediador, o Cristo Jesus (Cf. LG 49).

Esta profunda comunhão dos membros da única Igreja de Jesus Cristo, está muito bem testemunhada na Primeira Carta de João, quando afirma:

> O que era desde o princípio, o que ouvimos, o que vimos com nossos olhos, o que contemplamos, e o que nossas mãos apalparam do Verbo da vida - porque a vida manifestou-se: nós a vimos a lhe damos testemunho e vos anunciamos a Vida eterna, que estava voltada para o Pai e que nos apareceu - o que vimos e ouvimos vo-lo anunciamos para que estejais também em comunhão conosco. E a nossa comunhão é com o Pai e com o seu Filho Jesus Cristo. E isto vos escrevemos para que a nossa alegria seja completa (1Jo 1, 1-4).

Ao culto dos mártires deu-se início às primeiríssimas expressões do Cristianismo que irrompe da fé no Ressuscitado que assumiu a nossa natureza humana no mistério da Encarnação.

À luz do mistério da Encarnação afirma-se que Jesus viveu numa família como todos nós, saiu de sua casa para pregar o Reino de Deus porque se sentiu chamado a realizar o Projeto do Pai, foi difamado e perseguido por isso, seguiu condenado por dois tribunais, crucificado e morreu fora dos muros da cidade de Jerusalém - centro do judaísmo - foi sepultado, mas ressuscitou no terceiro dia.

Desse humus da fé dos primeiros cristãos, homens e mulheres mártires, cria-se, pela fé, o culto dos santos e às santas[38]. O Vaticano II, sentiu a necessidade de manifestar a sua consciência de estar, ontologicamente, unida à Igreja celeste.

Compreende-se então, porque os padres conciliares quiseram afirmar que a Igreja de Cristo, tanto a peregrina como a celeste, deve desenvolver, progressivamente, as relações que unem os membros entre si, a partir da união com Cristo, no Espírito que vivifica a todos, para dar a Deus a máxima glória[39].

Para que isso se torne uma realidade não só humana, mas perene de fé, devemos olhar e nos dirigir a esses nossos irmãos e irmãs, na justa luz, isto é, não como seres separados e distantes de nós, mas como pessoas que são "de Cristo": pessoas verdadeiras, a quem possamos nos dirigir e que possamos amar[40].

Vê-las, porém, como pessoas nas quais Cristo vive mais intensamente do que em nós. Mas que, vivificadas por Ele, contribuem de modo preeminente, elevado, excelso, a constituírem, com Ele, o Cristo total.

Olhando para os membros da Igreja celeste, aprenderemos deles, que viveram envolvidos nas tentações do nosso mesmo mundo. Compreenderemos então, mais vivamente, que a Igreja peregrinante está a caminho e que se dirige para aquela pátria que os santos e as santas já conquistaram. A nossa chegada será recebida na luz que vem de Cristo e nos assentaremos para cear com o Cordeiro imaculado, o Cristo Senhor.

---

[38] Cf. JOUNEL, P., "Santi, culto dei", D. SARTORE e M. TRIACCA (a cura di), Nuovo Dizionario di Liturgia, Roma: Paoline, 1984, pp. 1338s.

[39] Cf. MOLINARI, P., "Santo", o . c., pp.1384-1385.

[40] Cf. LADARIA, L. F., "L'Escatologia del Vaticano II", o. c., pp. 435ss.

> (50/136) É de Cristo, Fonte e Cabeça, que procede toda a graça e a vida do próprio Povo de Deus. Os santos são nossos amigos e co-herdeiros de Jesus Cristo, irmãos e benfeitores nossos ... É na Sagrada Liturgia, porém, que a força do Espírito Santo atua sobre todos nós e todos os redimidos no sangue de Cristo, de toda tribo e língua, povo e nação (cf. Ap 5,9), unidos numa só Igreja e em um só cântico de louvor ao Deus Uno e Trino. Portanto, é na celebração do sacrifício eucarístico que nos unimos mais estreitamente ao culto dos santos, como Igreja peregrina que se une com a Igreja celeste.

### *1. Venera a memória da Virgem Maria e dos Santos*

Cabe sublinhar aqui, a inserção de Maria no mistério de Cristo, como discípula e como Mãe do Filho de Deus[41]. Assim é invocada e conhecida desde as primeiras comunidades do cristianismo da Judéia e também da diáspora.

Tem sentido a presença de Maria junto à veneração e memória que se faz dos apóstolos e mártires, porque ela participou do discipulado de seu filho e da inteira História salvífica do povo de Israel ao qual pertenceu e com ele avançou em peregrinação de fé (cf. LG, 58).

A Bem-aventurada Virgem Maria é citada pela segunda vez, no fim deste artigo, no contexto da celebração do sacrifício eucarístico que nos une em íntima comunhão ao culto da Igreja celeste. Ela é a gloriosa Virgem Maria porque faz parte da glória celeste, em vista da sua inserção como mãe de Jesus, o Salvador; pela sua abertura plena à graça divina que lhe mereceu, ao modo de Deus onipotente, para quem tudo é possível, foi ressuscitada e assunta na glória eterna do Pai, logo após sua caminhada terrestre (DS 3903).

---

[41] Cf. BOFF, Lina, Maria na vida povo. Ensaios de Mariologia na ótica latino-americana e caribenha, S. Paulo: Paulinas, 2001, pp. 41ss.

Maria é a mulher glorificada entre o tempo e a eternidade. Sua presença dá esperança e evoca a dinâmica da graça salvadora nas dificuldades de cada dia[42]. Esta veneração e memória à Mãe de Deus, é colocada em primeiro plano, seguida à veneração do bem-aventurado José, seu esposo, fechando desse modo, a relação espiritual que a Igreja peregrina tem com a Igreja celeste com a retomada da veneração e memória dos Bem-aventurados Apóstolos e Mártires e todos os Santos.

Um dado significativo nos parece a intercessão da figura de São José, que teve seu papel importante como pai adotivo, na família de Nazaré, tão presente e invocado na piedade popular de todos os tempos. Pelo teólogo Leonardo Boff, são José é visto e percebido como "A sombra do Pai".

## *2. Faz memória dos seguidores e seguidoras de Jesus*

Seguidores somos todos nós, cada um no seu estado de vida, vivendo a radicalização da graça recebida no batismo chamados à santidade. Muitos se casam e seguem a Cristo no matrimônio, outros na virgindade e na pobreza. Todos, porém, no meio das vicissitudes do mundo, chegam à santidade pelo seguimento do Cristo Jesus.

> (50/134) Aos apóstolos e mártires, acrescentaram-se outros que imitaram mais de perto a virgindade e a pobreza de Cristo... Considerar a vida daqueles que seguiram fielmente a Cristo, somos incentivados a buscar, por um motivo novo, a Cidade futura (cf. Hb 13,14); e ao mesmo tempo somos instruídos a fazer o caminho

[42] Cf. Ver também PERRELLA, S. M., "L'Assunzione di Maria nella teologia post-conciliare", MORALEJO-S. G. C., CECCHIN (a cura di), L'Assunzione di Maria Madre di Dio. Significato storico-salvífico a 50 anni dalla definizione dogmática. Atti del 1° Fórum Internazionale di Mariologia, Roma, 30-31 ottobre 2000, p.129s.

> seguro pelo qual, entre as vicissitudes do mundo, segundo o estado e condição de cada um, podemos chegar à perfeita união com Cristo, ou seja, à santidade.

Nesta passagem da Constituição Dogmática da Igreja, chama a atenção o fato de que são pessoas históricas e limitadas como cada um de nós. A prática das virtudes dos cristãos - homens e mulheres, jovens e velhos - cada qual com seu carisma divino a serviço dos outros, despertaram a piedosa devoção e imitação dos que peregrinam na terra e levam a mesma vida. Todos são pessoas muito inseridas nas coisas do mundo, qualquer seja a diversidade dos estados de vida de cada um[43].

Por isso, os santos e santas, carregaram a nossa mesma humanidade, conseguiram se transformar, mais perfeitamente, na imagem de Jesus que passou pela nossa condição humana, menos no pecado (cf. Fl 2, 6-11).

Como Jesus Cristo, somos também capazes de, descobri a presença para chegar à glória que lhe era destinada pelo Pai, somos também nós capazes de, pela fé, descobrir a presença de Deus viva e manifesta nessa tão grande nuvem de testemunhas (cf. Hb 12,1) que são os santos e as santas nos quais Deus mesmo nos fala e nos dá sinais de seu Reino[44].

### *3. Celebra a memória dos fiéis que deixaram esta vida*

A memória dos mortos, quer ser um prosseguimento natural de tudo o que se procurou explicar ao longo deste caminho. Como pessoas de fé, entendemos que os mortos não interrompem a comunhão conosco, porque estão vivos em Deus.

---

[43] Cf. LADARIA, L. F., "L'Escatologia del Vaticano II", B. SESBOÜE (direz. di), Storia dei Dogmi II. L'uomo e la sua salvezza, Piemme: Monferrato, p. 412.

[44] Cf. ALFARO, J., Riflessioni sull'escatologia del Vaticano II, Casale Monferrato, 1993, pp. 148-166; MARTOS, A.A. dos S., Esperança cristã e futuro do homem, Porto, 1987, pp. 248-249.

O Prefácio da celebração eucarística dos defuntos nos anuncia a verdade fundamental que é, *vita mutatur, non tollitur,* a vida é mudada, mas não é tirada. Esta verdade não é morte, é vida. É uma vida capaz de fecundar e transformar o nosso modo tão comum e inadequado de conceber uma nova vida, uma vida plena dos que partem da Casa terrena para a Casa do Pai, a vida eterna.

No contexto da Comunhão dos Santos recorda-se a doutrina dos sufrágios para os defuntos. Todo o capítulo VII da *Lumen gentium*, caracteriza-se pelo uso da linguagem bíblica, não só néo-testamentária, mas cita-se também textos do Antigo Testamento, como por exemplo, do Segundo Livros dos Macabeus.

### 4. A evocação de textos bíblicos

Encontramos no Antigo Testamento alguns textos bíblicos, pode-se dizer um tanto recentes, que evocam uma concepção mediata de vida após a morte. Queremos nos deter apenas em alguns dos mais citados.

O nobre Judas, o Macabeu, depois de haver conquistado a vitória da lei e do lugar sagrado, onde esta lei era ensinada e proclamada como louvor e súplica ao Deus único e verdadeiro, organiza uma coleta para que se oferecesse um sacrifício pelos pecados dos que haviam tombado na batalha (cf. 2Mac 12-38-45). Fê-lo com o pensamento na ressurreição e na recompensa reservada para os que adormecem na piedade. Santo e piedoso é seu modo de pensar!

Importante também é trazer presente o valor escatológico e a consciência de uma vida eterna depois da vida terrena, expressas na narrativa dos sete irmãos Macabeus com sua mãe (2 Mac 7). É digno de nota o testemunho e a confissão de fé numa vida eterna dos sete irmãos Macabeus, detidos com sua mãe, em defesa da lei na qual acreditavam e foram ensinados por seus pais.

O fato bíblico se dá antes, portanto, de Jesus Cristo, em torno ao ano 170 a 160. Neste livro a vida depois da morte ocupa um lugar surpreendente. Como cita o texto em destaque, os vivos podem, por suas orações, ajudar os que haviam tombado (cf. 2Mac 12, 39-45). Acima da lei mosaica, a narrativa do autor sagrado apresenta valores morais e espirituais, os mais altos. Deus é nomeado com os nomes que Ele tem no Antigo Testamento; até como Senhor Deus é invocado e proclamado, gloriosamente.

Destaca-se a confissão de fé do quarto filho que grita por uma esperança só trazida por Jesus Cristo mais tarde como poderemos assinalar abaixo. Admirável e de abençoada memória foi também a atitude da mãe que viu, num só dia, o martírio de seus sete filhos e cheia de nobres sentimentos animando a cada um, com ardor invejável, o seu sentimento de mãe e mulher de fé com o testemunho que pronunciava em altas palavras:

> Tenho, da parte de Deus, as esperanças de ser um dia ressuscitado por Ele (7,14). Não sei como viestes crescer em meu seio, nem fui eu que vos dei o espírito e a vida, nem fui também que dispus, organicamente, os elementos de cada um de vós. É o Criador do mundo que forma o homem em seu nascimento e dá origem a todas as coisas. Só Ele vos retribuirá, na sua misericórdia, o espírito e a vida, uma vez que agora fazeis pouco caso de vós mesmos, por amor às suas leis (2Mac 7, 22-23).

Para melhor interpretar o valor religioso e o culto dos defuntos que para nós, cristãos, se dá na celebração do mistério pascal de Cristo, deve-se considerar que a liturgia toda é uma celebração do mistério pascal[45].

---

[45] Cf. DAVANZO, G., "Morte/risurrezione", Nuovo Dizionário di Spiritualità, p. 1055.

Pela fé, temos a certeza de que a morte não enfraquece o vínculo de fé e a relação afetiva com aqueles que nos encontraremos no futuro definitivo da nossa vida, ainda que a modalidade de presença não seja a mesma.

Contudo, temos com eles uma relação de comunhão com Deus, Comunidade de amor. A esperança que não ilude e não decepciona, nos dá o sentido eterno e gozoso desta travessia para a vida de felicidade e paz.

> (50/134) Reconhecendo cabalmente a comunhão de todo o Corpo Místico de Cristo, a Igreja, desde os primórdios da religião cristã, venerou com grande piedade, a memória dos defuntos e, porque é um pensamento santo e salutar rezar pelos defuntos para que sejam perdoados de seus pecados'(2Mac 12,45), também oferecer sufrágios em favor deles.

Daniel, considerado o último dos profetas em meio às suas visões, fala do tempo do fim. Em seu livro 12, 2-4, o autor sagrado descreve a sorte daqueles que praticaram a justiça e o bem como daqueles que não o fizeram. Fala de uma transformação escatológica que se manifesta no fim dos dias da vida terrena plenificada com a palavra "eternidade".

Com Daniel prevalece a longa esperança de uma libertação que virá, logo, através de uma ação de Deus imanente à história. De agora em diante, se impõe de maneira definitiva, uma escatologia, rigorosamente, transcendente, acompanhada da ideia de uma salvação universal e cósmica. Nesta fase da evolução escatológica aparece a fé na ressurreição dos mortos, seja com o Livro dos Macabeus como nesse último de Daniel (Dn 12 e 2Mac 7).

### 5. *Da escatologia individual*

Como o capítulo VII da LG privilegia o aspecto comunitário da escatologia, sobre seu aspecto individual[46], e tomando conhecimento das atas elaboradas que registram as várias sessões feitas no Concílio, pode-se afirmar que esta parte foi bastante discutida e questionada pelos bispos que lá estavam representando suas dioceses.

Segundo o espírito do Concílio, dois são os pontos que devem ser evidenciados: a escatologia individual na escatologia cósmica e a relação que caracteriza a Igreja peregrina com a Igreja celeste, na Comunhão dos Santos.

Quanto à escatologia individual, a preocupação dos bispos que lá estavam levando, de suas dioceses, os problemas conhecidos e ao mesmo tempo, experimentados na prática de seu múnus pastoral, o destino de cada pessoa não podia ficar só em íntima relação com o destino da inteira humanidade e do cosmo todo.

Neste sentido, a teologia empregada pelos teólogos do Concílio, apropria-se da visão escatológica de São Paulo, que prega a salvação integral do ser humano, com a criação e a história[47], o qual chega à sua plenitude, no Cristo glorificado, junto com toda a humanidade e toda a criação plasmada pelo Criador do céu e da terra.

Reconhecemos e queremos ao mesmo tempo, tornar presente o papel fundamental da esperança que marca a índole escatológica da nossa vocação no mundo, seja ela individual, seja ela coletiva. A nossa identidade escatológica é replasmada pela esperança construída e vivenciada pelo

---

[46] Cf. POZO, C., Teologia del mas allá, Madrid: BAC, 1992, pp. 27-32: este tratado é bem posterior à concepção bíblica da Novo Testamento, quando se pensa na grande influência que tiveram os catecismos do século XVI, tempo da Reforma.

[47] Cf. LADARIA, L., Destino dell`uomo e fine dei tempi, Brescia: Queriniana, 1992, p. 411.

povo de Israel que nos precedeu, ora consciente, ora mais afeita no enfrentamento dos desafios de seu contexto.

A perplexidade com que hoje vivemos a esperança do Povo de Israel torna-se para nós um ícone que dá sentido ao tempo presente sem deixar de lado a esperança no devir que sempre mais se aproxima na medida em que soubermos responder aos desafios que nos fazem pessoas portadoras da mesma esperança.

À luz dessa mesma esperança vivenciada pelo Povo de Israel, adquirimos a inteligência espiritual de vislumbrarmos a realização do Reino pela práxis da libertação que dá esperança ao anúncio feito em nome daqu`Ele que é a Esperança definitiva.

Diante de tantas situações que não mudam, apesar da nossa esperança, Santo Agostinho nos conclama com estas palavras: "Se esperamos aquilo que não vemos, pratiquemos a esperança com paciência" (Serm. 157).

## VI. O Povo de Israel constrói sua história na esperança

Vamos encontrar as raízes dessa esperança no testemunho de fé no Deus Único dado pelo povo de Israel ao fazer história com seu Deus. Na história de fé deste povo, interpretada pelas comunidades apostólicas e primitivas, que fazem a experiência da ressurreição e retomam os escritos de seus antepassados nos quais Deus vai se revelando ao seu povo, começa a nova História da salvação trazida por Cristo.

A história do povo de Israel, portanto, é construída na esperança da promessa divina e sua realização começa com a ressurreição de Cristo que restaura toda a criação[48].

---

[48] Cf. POLITI, S., História e Esperança. A escatologia cristã, S. Paulo: Paulinas, 1996, pp. 113ss; 135ss.

A esperança, no contexto dessa experiência, constrói uma história que nos fala da revelação desse Deus. Ela tem seu começo com a libertação do povo de Israel da escravidão do Egito. Nesta narrativa descobre-se como a esperança vai se manifestando na vida do povo de Deus que espera a realização das promessas feitas por esse Deus que vai se revelando gradualmente, e com isso faz história. É a História da Salvação.

### *1. Da esperança histórica à esperança trans-histórica*

Com a vinda de Jesus Cristo anunciado pelos profetas, as promessas feitas ao povo de Israel se realizaram pela encarnação, testemunhada pela vida, e pela doação total de Jesus em seu mistério pascal[49]. A interpretação desse grande mistério que fundamenta a nossa fé, mostra como a fé primitiva recorria à experiência do passado para explicar o sentido dos fatos acontecidos no presente.

Tomaremos algumas destas interpretações do Novo Testamento, que testemunham a fé das comunidades apostólicas e primitivas.

Quando Pedro faz seu primeiro discurso no dia de Pentecostes, para explicar a profundidade do sentido daquele evento, recorre ao Salmo 16. Esse fala ter Javé como parte dessa esperança, o que vem confirmar a ação de Deus em Jesus, o Homem de Nazaré, e dar a razão da esperança que Ele suscitou com sua pregação no meio do povo.

Pedro proclama a realização dessa esperança que se tornara uma realidade transformadora e impactante, na vida de cada um e de todos os que o ouviam. A esperança no Messias libertador, que o povo aguardava, se realiza na ressurreição de Jesus que muda o curso de toda a história (cf. Sl 16, 8-11, citado por Atos 2,25).

---

[49] Cf. LUBAC, H. de, Cattolicismo. Aspetti sociali del dogma. Sezione terza Chiesa, volume 7, Milano: Jaca Book, 1992, pp. 91-92.

Lucas narra a defesa de Paulo no Livro dos Atos dos Apóstolos, quando este toma a palavra diante dos judeus de Jerusalém – o sinédrio - como cidadão romano:

> É por nossa esperança, a ressurreição dos mortos, que estou sendo julgado (At 23,6). Ao se defender diante das autoridades romanas, confessa: Tenho em Deus a esperança, que também os fariseus acalentam, de que há de acontecer a ressurreição, tanto de justos como de injustos (At 24,15). Ao se defender diante do rei Agripa, testemunha: Agora estou sendo aqui julgado por causa da esperança na promessa feita por Deus aos nossos pais, à qual esperam chegar as nossas doze tribos, que servem a Deus noite e dia, com toda a diligência. É por causa dessa esperança, ó rei, que pelos judeus sou acusado (At 26, 6-7).

Já quase no fim de seus dias, o apóstolo Paulo entra em contato com os judeus de Roma para dizer-lhes que é por causa da esperança de Israel que ele está preso e acorrentado (cf. At 28,20).

O testemunho que dá de sua esperança, encontra-se alicerçado na fé de Abraão que esperou contra toda a esperança, tornando-se assim pai de muitos povos, conforme a promessa feita por Deus a ele (cf. Rm 4,18).

Ao escrever sua Carta aos Romanos, enfatiza a força da esperança não só na glória, mas também nas tribulações, sabendo que a tribulação produz a perseverança, a perseverança uma virtude comprovada, a virtude comprovada a esperança (cf. 5, 2-5). Como pessoas destinadas à glória, esperamos não só a nossa libertação, mas a libertação de toda a criação que geme e sofre conosco (cf. 8, 20-25). A comunidade é o espaço em que se vive a esperança, por isso recomenda:

> Sede diligentes ... alegrando-vos na esperança, perseverando na tribulação, assíduos na oração, atendendo às necessidades de cada um, procurando dar hospitalidade (Rm 12,12).

Segundo o apóstolo, as Escrituras foram escritas para que tenhamos esperança, perseverança e consolação. O profeta Isaías afirma:

> Surgirá o rebento de Jessé, ... Nele as nações colocarão a sua esperança", pois o Deus da esperança vos cumula de toda alegria e pela ação do Espírito Santo a vossa esperança transborda (cf. Rm 15, 4-13).

Sem negar o valor da economia antiga, Paulo assinala os limites da lei de Moisés, em si boa e santa, mas provisória, quando se toma consciência de que aquilo que fora prometido como esperança dos nossos pais, agora, acaba de ser realizado em Jesus Cristo. As perspectivas escatológicas permanecem: estamos salvos em esperança. O horizonte escatológico está presente em todas as tomadas de posição ao se defender em público.

Mas esta narrativa cede lugar a uma discussão mais racional que justifica a esperança que testemunha, coisa difícil de entender para os espíritos gregos. A esperança na concepção de Paulo é vivida na alegria que o Espírito Santo proporciona para a libertação nossa e de toda a criação que nos sustenta.

A Carta aos Hebreus, que tem sua autenticidade posta em dúvida desde a antiguidade, reflete a força que a esperança sempre exerceu sobre a experiência da fé no Deus das promessas dos cristãos exilados, oferecendo-lhes perspectivas de esperança em meio ao desânimo dos mesmos.

Cristo lhes é apresentado como guia que supera Moisés e os patriarcas, porque está acima da casa destes. Pois que, como Filho de Deus, nos fez participantes da descendência divina tornando-nos casa de Deus se mantivermos a confiança e o motivo altaneiro da esperança (cf. Hb 3, 1-6).

A esperança aqui apresentada pelo autor sagrado da Carta aos Hebreus exige que testemunhemos o mesmo ardor que tínhamos pela Lei do Cristo Senhor, a fim de levar até o fim o pleno desenvolvimento da esperança que se realizará nas promessas recebidas como herança.

Tal esperança, é apresentada na figura da âncora, sinal de estabilidade dinâmica que leva a nos aproximar de Deus, tendo como único mediador o Cristo da esperança (cf. Hb 6, 11-18).

A mesma Carta aos Hebreus ilustra, de modo singular, como os primeiros cristãos concebem a harmonia dos dois Testamentos e como compreenderam a necessidade da transição da Lei de Moisés para a lei selada com o sangue de Cristo, que firma nossa esperança porque é fiel à promessa que nos fez. Este é o motivo que nos deve animar em meio à obscuridade da transição (cf. Hb 10, 22-25).

Tais testemunhos, entrecortados de exortações ardentes que ferem nossa lógica ocidental, nos fazem compreender a obra de Cristo em função de toda economia da salvação e nos falam dos pontos essenciais da revelação do Novo Testamento. Pois, este é guiado pela mesma luz que guiou os israelitas do Êxodo e os judeus do antigo culto levítico, segundo a ordem do rei Melquisedec, superada pelo Sumo Sacerdote, Jesus Cristo.

Como se vê, a esperança está, intimamente, referida à História da salvação que tem sua realização no futuro. Nesta concepção, a esperança evidencia a importância do presente, pois nele se decide o futuro definitivo. Torna-se estímulo para a transformação da sociedade e do mundo, no horizonte das promessas de Deus, com atenção especial aos mais pobres e marginalizados da história humana.

Como força propulsora de todas as esperanças intra-históricas, a esperança trazida por Jesus Cristo penetra os fatos e eventos do presente e lhes dá um sentido de eternidade. O ser humano toma consciência de que a nova realidade que nasce desse processo, é contribuição humana sim, mas esta criou as condições necessárias para que o dom de Deus se manifestasse na história, como dom de vida eterna já iniciada no presente.

Por si mesmo, o ser humano não cria esta nova realidade, mas deve contribuir para que esta realidade se realize, começando pelo tempo presente que aponta para o futuro definitivo da nossa caminhada temporal.

### 2. *Resgatar esta esperança na escatologia*

Significa fazer um caminho de fé que passa pelas diferentes paisagens que Jesus passou, na sua vida para realizar o Projeto salvífico do Pai: assumiu a nossa natureza humana na encarnação; desenvolveu-a com todos os dons com que sua natureza foi agraciada; viveu a tensão dialética entre o bem e o mal; pregou o Reino, foi condenado, sofreu a paixão e morte, mas ressuscitou; ascendeu junto ao Pai e enviou o Espírito Consolador a todos nós, seus discípulos e discipulas, no evento Pentecostes.

Resgatar a esperança escatológica é o mesmo que afirmar a nossa chegada à fonte única de toda a espiritualidade cristã: o Senhor Jesus passa pela morte para alcançar a plenitude da glória que lhe foi prometida pelo Pai, na força do Espírito que tudo vivifica e torna santo, como Deus Trino e Uno é *Santo, Santo, Santo!* Assim, cada um de nós, homens e mulheres que professam esta fé, se tornam santos porque participam da santidade da filiação divina que nos é doada em Jesus Cristo.

Por isso, a comunhão que vivemos com Cristo, e com todos os irmãos e irmãs, faz crescer a relação dos que peregrinam com aqueles da visão beatífica. Enquanto peregrinamos na terra, somos neste mundo, ajudados por nossos irmãos e irmãs que nos precederam nesta experiência, os santos e as santas em Deus.

As orações eucarísticas das nossas celebrações litúrgicas sempre nos lembram esta verdade. O Prefácio da festa de Todos os Santos proclama:

> Pai Santo, festejamos, hoje, a cidade do céu ..., onde nossos irmãos, os santos, vos cercam e cantam, eternamente, o vosso louvor. Para essa cidade caminhamos pressurosos, peregrinando na penumbra da fé. A Oração Eucarística VII do Tempo Comum sobre a reconciliação, súplica: "Ajudai-nos, Pai, a trabalhar juntos na construção do vosso Reino, até o dia em que, diante de vós, formos santos como os vossos santos (Pref. De Todos os Santos).

## VII. Considerações práticas

Três pontos parecem importantes destacar: em primeiro lugar, deve-se levar em conta que a prática pastoral brota da vivência que procuramos expor acima, sem impedir a expressão das intuições humanas que o Espírito suscita e que sempre se fazem presentes, no nosso cotidiano, junto com a criatividade que as acompanha.

Em segundo lugar, dar a devida atenção à linguagem empregada nas expressões de fé popular, nesse âmbito, pois, representam um desafio que nos leva a pensar numa prática pastoral adequada e concernente às necessidades espirituais do nosso povo peregrino. Os santos e santas estão vivos em Deus e em seu mistério, e gozam da plena visão do Deus, Comunidade de relação e amor.

Finalmente, deve-se reforçar e resgatar a realidade teológica da união vital entre a Igreja que caminha nesta terra em direção à Igreja que já forma o Corpo místico no céu. Enquanto nós, os caminhantes desta terra, caminhamos entre barreiras e espaços de que podemos dispor, vamos sempre mais construindo nossa comunhão com Cristo. É importante termos a certeza de que, com a morte, não sairemos desta comunhão, mas seremos como que 'transferidos' para a plenitude desta mesma comunhão. A dinâmica desta união vital é sustentada, animada e alentada pelo Espírito Santo. Assim rezamos no Credo:

Creio no Espírito Santo; na Santa Igreja Católica; na Comunhão dos Santos; remissão dos pecados; na ressurreição da carne; na vida eterna. Amém!

Na certeza de participarmos das bodas com a Trindade salvífica, ainda que desconheçamos o dia e a hora, esta será superada pela presença do Espírito em nós, apesar da distância que ainda vivemos da realidade que nos transcende. A força do Espírito do Senhor que nos afaga, nos acaricia e nos faz sentir sua pulsação dentro da nossa realidade terrestre, esta força jamais pode se esgotar nela.

Todas as Cartas dos vários autores do Novo Testamento falam dessa esperança, como se pode ver na citação que segue:

> (...) fortes na fé, aguardamos a esperança bem-aventurada e a manifestação do grande Deus e Salvador nosso Senhor Jesus Cristo (Tt 2,13), que transfigurará nosso corpo abatido, para que seja conforme ao seu corpo glorioso (Fl 3,21), e que virá para ser glorificado nos seus santos, e se fazer admirável em todos os que creram (2Ts 1,10).

Em síntese, pode-se dizer que a Igreja Antiga já se autodefinia como *Communio Sanctorum*. Santo não é só aquele que é proclamado pela Igreja, mas é santo todo o cristão, mulher e homem, jovem e velho, que está na realidade divina e o que vive na Igreja visível, empírica, aquele e aquela que são portadores da graça salvadora e santificadora.

Esta é uma teologia que surgiu com os mártires dos primeiros séculos do cristianismo, quando a Igreja começou a viver toda uma mística do martírio, que evidencia o testemunho de fé e a confissão da mesma, doando a própria vida como Cristo, e por Cristo. É o que chamamos de *Comunhão dos Santos.*

## VIII. Concluindo este livro

Sobre a doutrina escatológica da Igreja afirmamos que o Vaticano II não criou apenas uma constituição específica sobre a escatologia. Mas a sua visão escatológica perpassa todos os documentos, enquanto perspectiva que abraça e ilumina os vários argumentos e perguntas levantadas pela humanidade contemporânea.

Desta visão, temos uma apresentação clara e renovada da Escatologia cristã, compreendida como "alegre notícia", cheia de esperança e de compromisso com o presente em vista do futuro, em seu capítulo VII da *Lumen gentium.*

A temática escatológica se encontra em todos os documentos conciliares, mas neste livro, apresentamos só o VII capítulo da *Lumen gentium*, onde esta temática é tratada, explicitamente. Nos parágrafos 48-49-50-51, em que é exposta, sinteticamente, a doutrina da Igreja contemporânea, as ideias básicas e as orientações pastorais são dadas pelos padres conciliares.

Nesse sentido, a Escatologia cristã está radicada no mistério pascal de Cristo, que vive na Igreja, através dos sacramentos, de modo especial na Eucaristia. Fala-se aqui, de seu fundamento cristológico.

A Escatologia se alimenta e se atualiza na força do Espírito Santo que, do mistério pascal de Cristo, irrompe e desenvolve, até a plenitude, a santificação de cada membro da Igreja peregrina, que caminha em direção à Igreja celeste. Evidencia-se nesta concepoção, sua dimensão pneumatológica.

A Escatologia possui um caráter eclesiológico, no sentido que esta constitui um elemento essencial da natureza da Igreja. Pois, a Igreja não pode ser compreendida, somente, como um evento individual ou pessoal, mas um evento de comunhão que explica e culmina na celebração da Igreja como Mistério. Nesse contexto centua-se a marca eclesiológica da escatologia.

A Escatologia abraça o aspecto cósmico universal, com a esperança da Nova Criação, a de Novos Céus e Nova Terra. O tratado escatológico afirma uma abertura cósmica que se desenvolve na atenção às urgentes questões da criação com um todo. Temos aqui a escatologia da criação e do cosmo.

A Escatologia é relação que une os fiéis a Cristo num só povo, através da Comunhão dos Santos e das Santas, formando uma grande família que une, no amor, a comunidade ainda peregrina sobre a terra, com a comunidade daqueles e daquelas que já chegaram ao Reino dos santos e dos bem-aventurados.

Nesse âmbito abre-se a maravilhosa perspectiva da comunhão, ícone da Igreja Povo de Deus.

A Escatologia ainda, constitui um evento realizado pela Trindade Santíssima e aponta para a plena manifestação do Mistério Trinitário, pois esta é, amorosamente, querida pelo Pai, realizada concretamente, pelo Filho Jesus, e plenificada com a vinda do Espírito Santo. A Parusia leva em consideração, principalmente, a vinda de Cristo na glória, mas em perfeita sintonia com a vontade do Pai e a ação do Espírito Santo. Temos então, a escatologia na sua visão trinitária.

A Escatologia acena também a alguns fatos particulares, que se dão ao longo da vida e se definem na Parusia, como o juízo, o céu, a possibilidade da perdição total da pessoa humana e da graciosa chance de se purificar. Estas são realidades que reafirmam as *Éschata,* quais elementos constitutivos da nossa passagem deste mundo para a visão do Deus Uno e Trino, na felicidade eterna.

São verdades que estão intimamente, ligadas à Tradição da fé da Igreja, dando uma visão unitária, e um sentido de continuidade teológica e doutrinal, àquela expressão de fé de todos os tempos. O parágrafo 51 afirma, expressamente:

> O sacrossanto sínodo recebe com grande respeito a venerável fé de nossos antepassados sobre a comunhão com os irmãos que estão na glória celeste, ou que ainda estão se purificando, e propõe de novo os decretos dos sagrados sínodos, Concílios Niceno II, Florentino e Tridentino.

Enfim, a Escatologia como tratado deste capítulo da LG, enfatiza a dimensão pastoral do Concílio Vaticano II, no sentido que, a Escatologia não é, somente, uma questão de valor teológico, mas concerne todo o povo de Deus e a vida da humanidade. Trata-se de uma temática penetrada de evangelização e de inculturação do cristianismo que nascem da fé no Cristo ressuscitado.

A Escatologia, portanto, torna-se a orientação fundamental e necessária, que direciona o centro da pregação e da catequese, na Igreja, nestes termos: "Anunciar Jesus Cristo no seu Mistério Pascal, celebrado e vivido, na Igreja, Povo de Deus a caminho". Ela dá o profundo e verdadeiro sentido da nossa vida temporal. Por que estamos neste mundo? A que viemos e para onde queremos ir? Leia este livro!

## Bibliografia complementar

BALTHASAR, H. U., von, I novissimi nella teologia contemporânea, Brescia: Queriniana, 1967.

BOFF, Cl. Escatologia. Breve Tratado Teológico-Pastoral. S. Paulo: Ave Maria, 2012.

BOFF, L. A vida para além da morte. O futuro, a festa e a contestação do presente. Petrópolis: Vozes 1973.

BOFF, Lina. Da esperança à vida plena. Vivendo as realidades que entrevemos. Juiz de Fora: Editar-Editora, 2010.

---. "Morte" (verbete), Nuevo Diccionario de Teología, Editorial Trotta, sob a direção de Juan-José Tamayo ACOSTA, ano 2002.

---, "A fé na ressurreição e a crença na reencarnação", in A pessoa e a mensagem de Jesus organizado por Mário de França Miranda, Loyola, 2002, pp. 125-142.

CHAREIRE, Isabelle, La risurrezione dei morti, Milano: San Paolo, 2002.

COLLANTES, J. (org.), A fé católica. Documentos do magistério da Igreja, das origens aos nossos dias, Rio de Janeiro-Lúmen Christi, Dioceses de Anápolis/Mosteiro de São Bento do Rio de Janeiro. 2003.

CROCE, V., Allora Dio sara tutto in tutti. Escatologia cristiana, Torino: Elledici, 1998.

FONTBONA, J., La comunione dei santi, Milano: San Paolo, 1999.

GUARDINI, R., I Novissimi, Cattaneo/Bergamo, Vita e Pensiero, 1951.

LAVATORI, R., Il Signore verrá nella gloria. L'escatologia del Vaticano II, Bolognna: Dehoniane, 2007.

MAFFEIS, A., Communio Sanctorum. La chiesa come comunione dei santi, Brescia: Morcelliana, 2003.

MARITAIN, J., Le cose del cielo. Riflessioni sulla vita eterna, Milano: Massimo, 1996.

SESBOÜÉ, B., Dopo la vita. Il credente e le realtá ultime, Milano: Paoline, 1992.

SPIDLÍK, T., Maranatá. A vida após a morte, S. Paulo/Pará, EDUSC/ Centro de Cultura e Formação Cristã de Belém, 2008.

TÓTH, D. V., A comunhão dos santos. A tarefa dos leigos na Igreja, S. Paulo/Loyola, 1989.

Esta obra foi impressa na gráfica Santuário
para as Editoras Santuário/Letra Capital.
Utilizou-se o papel Pólen Soft 80g/m²
e a fonte Minion Pro corpo 12 com entrelinha 15.
Rio de Janeiro, maio de 2020